작은 기업의
큰 꿈을 위하여

작은 기업의 큰 꿈을 위하여

김정태 지음

단계별
체크리스트

실전 사례
중심

현장 관리자
필독서

"기술을 넘어 경영의 달인으로"
CEO가 되기 위한 현장 맞춤형 솔루션

좋은땅

머리글

한국의 작은 공장들이 모여 있는 산업단지를 걸을 때면, 저는 각 공장에서 들려오는 기계 소리에서 우리나라 제조업의 심장 소리를 듣습니다. 그 심장 소리의 주인공들은 바로 여러분, 소기업 CEO들입니다.

"아침에 출근해서 퇴근할 때까지, 하루하루가 전쟁이에요."
시화공단의 한 프레스 업체 사장님의 말씀입니다. 거래처 미팅부터 현장 관리, 자재 발주, 직원 관리까지… 모든 것을 혼자 책임져야 하는 소기업 CEO의 하루는 전쟁과도 같습니다.

"기술은 자신 있는데, 경영은 자신이 없어요."
인천의 한 금속 가공 업체 사장님의 고민입니다. 현장에서 기술자로 시작해 CEO가 된 분들의 공통된 이야기입니다. 뛰어난 기술력을 가지고 있지만, 경영이라는 새로운 도전 앞에서 많은 분들이 어려움을 겪고 계십니다.

15년간 중소기업 CEO로 일하며 느꼈던 고민과 어려움들이 아직도 생생합니다. 직원 채용부터 자금 관리, 기술 개발, 영업까지… 모든 것을 혼자 고민하고 결정해야 했던 그 시간들은 제게 값진 경험이 되었습니다. 이후 대학 교수가 되어 기술 닥터로 활동하면서 만난 수많은

작은 기업의 큰 꿈을 위하여

소기업 CEO들의 이야기를 들으며, 우리 모두가 비슷한 고민을 안고 있다는 것을 깨달았습니다.

오늘은 자금 걱정 없이 지낼 수 있을까?
거래처의 단가 인하 요구, 어떻게 대응해야 하나?
숙련공이 또 이직한다고 하는데….
불량이 발생했을 때 어떻게 해결해야 하나?
정부지원사업, 어떤 것을 신청해야 할까?

이런 고민들을 안고 시작하는 하루하루가 쉽지 않습니다. 하지만 포기할 수는 없습니다. 우리와 함께 일하는 직원들의 가족들, 우리 제품을 기다리는 거래처들, 그리고 대한민국 제조업의 미래가 우리의 어깨에 달려 있기 때문입니다.

현장에서 만난 CEO들의 질문 하나하나가 제 가슴에 깊이 남아 있습니다. 그들의 눈빛에서 보았던 간절함과 책임감은 제가 이 책을 쓰게 된 가장 큰 동기가 되었습니다.

이 책은 화려한 경영 이론서가 아닙니다. 현장에서 부딪히며 얻은 실전 경험과 해결책을 담았습니다. 제가 실패했던 경험, 성공할 수 있었던 노하우, 그리고 수많은 소기업 CEO들과의 상담 경험을 바탕으로 현실적인 길잡이가 되고자 했습니다.

■ 이 책의 특징

1. 현장 중심의 실전 노하우
   - 15년간의 제조업 CEO 경험
   - 10년간의 기업 컨설팅 경험
   - 실제 현장 적용 사례 중심
   - 당장 적용 가능한 해결방안 제시

2. 소기업, 소공인 맞춤형 내용
   - 현장에서 발견한 10가지 성공 비밀
   - 최소 비용으로 시작하는 방법
   - 단계별 실천 방안
   - 현장 관리자 실전 교재

3. 실용적인 구성
   - 실천 가능한 구체적인 해결책 제시
   - 단계별 핵심포인트 정리
   - 체크리스트로 자가진단
   - 실제 사용 가능한 서식

■ 이 책을 활용하는 방법

1. 먼저 체크리스트로 진단하세요. 각 장 마지막에 있는 체크리스트로 우리 회사의 현 상황을 점검해 보세요.

작은 기업의 큰 꿈을 위하여

2. 필요한 부분부터 시작하세요. 모든 것을 한꺼번에 바꾸려 하지 마세요. 가장 시급한 문제부터 하나씩 적용해 보세요.

3. 직원들과 함께 보세요. 이 책의 내용을 직원들과 공유하고 의견을 나눠 보세요. 변화는 혼자가 아닌 함께할 때 가능합니다.

■ 마지막으로 드리고 싶은 말씀

여러분은 혼자가 아닙니다.

대한민국의 제조업 근간을 이루는 소기업들이 있기에 우리 산업은 지금도 힘차게 돌아가고 있습니다.

이 책이 여러분의 고민을 덜어 주는 동반자가 되길 바랍니다. 한 페이지, 한 페이지를 넘기실 때마다 실질적인 해결책을 발견하시길 바랍니다.

무엇보다 이 책은 여러분처럼 작지만 강한 기업을 일구어 가는 소기업 CEO들을 위한 것입니다. 소기업은 작은 조직이지만, 그 안에는 무한한 가능성과 성장의 잠재력이 있습니다. 그 가능성을 현실로 만들어 가는 여정에 이 책이 작은 도움이 되길 진심으로 바랍니다.

2025년 3월
김정태 드림

목차

제1장

장인에서 리더로

"아침에 눈을 뜨면 가장 먼저 드는 생각이 뭐냐고요? 오늘 직원들 월급은 제때 줄 수 있을까, 거래처 납기는 맞출 수 있을까… 이런 걱정으로 하루가 시작됩니다."

부천의 한 금속 가공 업체 사장님의 말씀입니다. 25년간 현장을 돌아다니며 만난 수많은 소기업 CEO들의 공통된 이야기입니다.

작은 공장의 CEO는 모든 것을 혼자 책임져야 합니다. 아침에 출근해서 제일 먼저 현장을 돌아보고, 거래처 미팅에 가고, 자재 발주도 확인하고, 직원들 고민도 들어 주고… 때로는 야간 근무도 마다하지 않습니다.

어느 날, 창업한 지 40년 된 73세의 CEO를 만날 기회가 있었습니다. 그는 평생 소규모 사업체를 운영하며 얻은 경험을 이렇게 표현했습니다.

"CEO가 된다는 건, 단순히 사업을 운영하는 것을 넘어, 끝없이 배우고 성장하며, 조직과 직원들의 미래를 책임지는 일입니다. 일이 아니라 사람을 다루는 것이 가장 어렵습니다."

이 한마디는 리더라는 자리의 본질을 압축적으로 설명합니다. 리더는 단순히 조직의 관리자나 지휘자가 아닙니다. 그는 변화의 선봉에

작은 기업의 큰 꿈을 위하여

서서 조직원들이 자신의 잠재력을 발휘하도록 돕고, 함께 성장하며 미래를 만들어 가는 존재입니다.

하지만 현실은 쉽지 않습니다. 소기업 CEO들이 매일 직면하는 도전 과제들을 살펴보면 다음과 같습니다.

□ 내부적 도전
- 기술자 확보와 유지
- 자금 관리의 어려움
- 기술력 향상 과제
- 작업환경 개선 문제

□ 외부적 도전
- 거래처의 단가 인하 압박
- 원자재 가격 상승
- 인건비 상승
- 각종 규제 대응

□ 미래를 향한 도전
- 디지털 전환 준비
- 후계자 양성
- 신기술 도입

- 시장 변화 대응

이 장에서는 이러한 도전 과제들을 성공적으로 극복하기 위해 소기업 CEO가 갖춰야 할 핵심 역량을 다룹니다.

1. 현장을 이끄는 장인 정신
○ 현장에서 인정받는 리더가 되는 법
○ 기술과 경영을 아우르는 역량 개발

2. 100년 기업을 향한 현명한 판단
○ 현명한 판단을 내리는 방법
○ 위기 상황 대처 능력

3. 가족 같은 일터 만들기
○ 신뢰 관계 구축하기
○ 효과적인 의사소통 방법

4. 작은 기업의 큰 꿈 그리기
○ 실현 가능한 목표 수립
○ 구성원과 비전 공유하기

"CEO는 태어나는 것이 아니라 만들어지는 것입니다."

지금부터 소기업 CEO에게 꼭 필요한 실전 노하우를 하나씩 알아보겠습니다.

1-1.
현장을 이끄는 장인 정신

"리더는 만들어집니다."

리더십은 특별한 사람에게만 주어지는 재능이 아닙니다. 매일 현장에서 부딪히며, 실수하고 배우면서 만들어지는 것입니다.

시화공단의 한 금형 업체 사장님의 이야기입니다.
"처음에는 기술만 알면 된다고 생각했어요. 하지만 10년이 지난 지금 돌아보니, 기술보다 더 중요한 건 '사람을 이끄는 법'이었습니다."

1. 현장에서 인정받는 리더의 조건

○ 기술적 전문성
"리더가 현장을 모르면 직원들의 신뢰를 얻을 수 없습니다."
 - 모든 공정 직접 경험하기
 - 품질 기준 정확히 알기

작은 기업의 큰 꿈을 위하여

- 문제 해결 능력 갖추기
- 기술 트렌드 파악하기

○ 솔선수범의 자세

"직원들에게 하라고만 하지 말고, 먼저 보여 주세요."

- 제일 먼저 출근하기
- 안전수칙 철저히 지키기
- 힘든 일 함께하기
- 책임지는 모습 보여 주기

2. 리더의 세 가지 책임

○ 회사에 대한 책임
- 매출/이익 관리
- 설비/시설 관리
- 기술력 향상
- 미래 준비

○ 직원에 대한 책임
- 안전한 일터 만들기
- 급여 제때 지급
- 성장 기회 제공

- 복지 향상

○ 거래처에 대한 책임
 - 품질 보증
 - 납기 준수
 - 기술 지원
 - 상생 협력

3. 현장 리더십의 실천

○ 매일 해야 할 일
 - 아침 현장 순회
 - 직원들과 대화
 - 문제점 체크
 - 개선사항 확인

○ 매주 해야 할 일
 - 주간 회의 주재
 - 생산 계획 점검
 - 품질 회의
 - 거래처 소통

작은 기업의 큰 꿈을 위하여

○ 매월 해야 할 일

 - 실적 분석

 - 자금 계획 수립

 - 직원 면담

 - 개선 계획 수립

4. 위기 상황에서의 리더십

○ 긴급 상황 대처

"위기 때 진짜 리더가 드러납니다."

 - 침착하게 상황 파악

 - 신속한 의사결정

 - 명확한 지시

 - 책임지는 자세

실제 사례

부천의 한 프레스 업체는 갑작스러운 대형 불량이 발생했을 때, 사장님이 직접 밤을 새워 현장에서 문제를 해결했습니다. 이 모습을 본 직원들은 사장님을 더욱 신뢰하게 되었고, 이후 위기 상황에서도 흔들리지 않는 팀워크를 보여 주었습니다.

---

5. 작은 실천이 큰 변화를 만듭니다

○ 매일 실천할 작은 습관들
 - 아침 인사 나누기
 - 현장 의견 경청
 - 잘한 일 칭찬하기
 - 선점 기록하기

"리더십은 거창한 것이 아닙니다. 이런 작은 실천들이 모여 신뢰가 쌓이고, 그 신뢰가 회사의 경쟁력이 됩니다."

6. 리더의 성장 방법

○ 자기 계발의 기술
 - 매일 30분 독서하기
 - 업계 세미나 참석

"리더가 성장을 멈추면 회사도 성장을 멈춥니다."
 - 동종 업체 벤치마킹
 - 정기적인 자기반성

작은 기업의 큰 꿈을 위하여

7. 직원 육성의 기술

○ 인재 육성 노하우
 - 단계별 교육 계획
 - 책임과 권한 위임
 - 실수를 통한 학습 기회
 - 정기적인 피드백

실제 사례

시화공단의 한 업체는 '실수해도 괜찮아, 그게 배움이야'라는 문화를 만들었
더니, 직원들의 성장 속도가 눈에 띄게 빨라졌습니다.

---

8. 현장 중심의 리더십

○ 현장에서 배우는 지혜
 - 직원들의 제안 경청
 - 문제 발생 지점 직접 확인
 - 개선 사항 즉시 반영
 - 성과 공유하기

"현장에 해답이 있습니다. 사무실에서는 보이지 않는 것들이 현장에
는 다 있습니다."

Key Point

"리더십은 지위가 아닌 신뢰입니다. 기술만으로는 부족하고, 경영 지식만으로도 부족합니다. 현장을 이해하고, 사람을 아끼며, 책임을 질 줄 아는 자세… 이것이 진정한 리더의 조건입니다."

■ 실전 Check-List

☐ 매일 현장을 순회하고 있는가?

☐ 직원들의 의견을 경청하고 있는가?

☐ 약속한 것은 반드시 지키고 있는가?

☐ 문제 발생 시 책임지는 자세를 보이는가?

☐ 자기 계발을 위해 노력하고 있는가?

☐ 직원들의 성장을 돕고 있는가?

☐ 감정적인 의사결정을 하지는 않는가?

작은 기업의 큰 꿈을 위하여

1-2.
100년 기업을 향한 현명한 판단

"하루에도 수십 번의 결정을 내려야 합니다."

작은 공장을 운영하다 보면 매 순간 결정의 기로에 섭니다. "이 거래처의 긴급 주문을 받을까?", "이 설비를 교체할 때가 됐나?", "이 직원에게 월급을 올려 줘야 하나?" 모든 결정이 회사의 생존과 직결되기에, 더욱 부담이 됩니다.

시화공단의 한 프레스 업체 사장님은 이렇게 말씀하셨습니다.
"예전에는 모든 걸 혼자 결정하려고 했어요. 그러다 실수도 많이 했죠. 지금은 원칙을 세워 두고, 직원들의 의견도 듣고, 데이터도 보면서 결정합니다."

1. 현명한 의사결정의 원칙

○ 기본원칙
  - 감정이 아닌 데이터로
  - 혼자가 아닌 함께
  - 충동이 아닌 계획으로
  - 단기가 아닌 장기적 시각으로

"급할수록 돌아가라는 말이 있습니다. 중요한 결정일수록 더 신중해야 합니다."

2. 상황별 의사결정 가이드

○ 설비 투자 결정 시
  - 현재 설비 상태 점검
  - 시장 수요 분석
  - 자금 상황 검토
  - ROI(투자수익률) 계산
  - 직원들 의견 청취

작은 기업의 큰 꿈을 위하여

○ 신규 거래처 결정 시

- 거래처 신용도 조사

- 단가 적정성 검토

- 기술적 요구사항 분석

- 생산 캐파 확인

- 기존 거래처와의 관계 고려

○ 인력 채용 결정 시

- 현재 인력 구조 분석

- 업무량 대비 적정성

- 교육 가능성 검토

- 급여 부담 계산

- 기존 직원들 의견

"한 명의 채용이 회사 전체 분위기를 바꿀 수 있습니다. 신중에 신중을 기해야 합니다."

3. 책임지는 리더의 자세

○ 잘못된 결정에 대한 책임
 - 실수를 인정하는 용기
 - 즉각적인 개선 조치
 - 재발 방지 대책 수립
 - 피해 최소화 노력

"실수를 인정하고 책임지는 모습이 진정한 리더의 모습입니다."

4. 직원들에 대한 책임

○ 기본적 책임
 - 임금 적기 지급
 - 안전한 작업환경 제공
 - 4대 보험 가입
 - 법정 휴가 보장

"직원들의 생계가 CEO에게 달려 있다는 걸 항상 기억해야 합니다."

○ 성장을 위한 책임
 - 기술 교육 기회 제공

작은 기업의 큰 꿈을 위하여

- 경력 개발 지원

- 공정한 평가와 보상

- 승진 기회 제공

실제 사례

부천의 한 금형 업체는 매년 직원당 50만 원의 교육비를 지원합니다. '직원들의 성장이 곧 회사의 성장'이라는 믿음 때문입니다.

---

5. 거래처에 대한 책임

○ 품질에 대한 책임

- 엄격한 품질 관리

- 불량 발생 시 즉시 보고

- 재발 방지 대책 수립

- 개선활동 지속

○ 납기에 대한 책임

- 정확한 납기 예측

- 위험 요소 사전 파악

- 대체 생산 계획 준비

- 지연 시 신속한 보고

"한번 잃은 신뢰는 회복하기 어렵습니다. 약속은 반드시 지켜야 합니다."

6. 기업의 사회적 책임

○ 지역사회에 대한 책임
- 환경 규제 준수
- 안전 규정 준수
- 일자리 창출
- 지역 경제 기여

실제 사례

시화공단의 한 업체는 매월 공장 주변 청소의 날을 정해 실천하고 있습니다. 작은 실천이지만 지역사회에서 좋은 평가를 받고 있습니다.

7. 위기 시 의사결정 원칙

○ 3C 원칙
- Check(상황 파악)
- Choice(대안 선택)
- Challenge(도전과 실행)

"위기 상황에서도 원칙을 지키는 것이 중요합니다."

Key Point

"의사결정은 CEO의 가장 중요한 책무입니다. 모든 결정에는 책임이 따릅니다. 신중하게 결정하고, 결정한 것은 끝까지 책임지는 자세가 필요합니다. 특히 작은 기업일수록 한 번의 결정이 회사의 운명을 좌우할 수 있다는 것을 명심해야 합니다."

■ 실전 Check-List

☐ 의사결정 전 충분한 정보를 수집하는가?

☐ 중요한 결정 시 직원들의 의견을 듣는가?

☐ 결정 사항을 문서화하고 있는가?

☐ 약속과 책임을 잘 이행하고 있는가?

☐ 잘못된 결정을 인정하고 수정하는가?

☐ 직원들의 안전과 복지를 챙기고 있는가?

☐ 거래처와의 약속을 잘 지키고 있는가?

1-3.
가족 같은 일터 만들기

작은 공장에서 가장 중요한 자산은 바로 사람입니다. 기계는 돈 주고 살 수 있지만, 숙련된 기술자는 돈 주고도 못 구합니다. 그런데 많은 소기업 대표들이 "나도 현장에서 기술자로 시작했는데, 직원들과 어떻게 대화해야 할지 모르겠다"고 합니다. 오늘은 현장에서 직접 겪은 경험을 바탕으로 이야기해 보겠습니다.

1. 아침 조회는 꼭 하세요

'바쁜데 무슨 조회냐'라고 생각하실 수 있습니다. 하지만 10분이면 충분합니다.

○ 아침 조회에서 꼭 해야 할 것
 - 오늘의 주요 작업 내용 공유
 - 특별히 주의할 품질 사항 전달
 - 안전 관련 주의사항 상기

작은 기업의 큰 꿈을 위하여

- 거래처 방문 일정 공지
  - 직원들의 건의사항 청취

실제 사례를 보면, 프레스 업체 한 곳은 아침 조회 때 항상 '어제 있었던 아차 사고'를 공유합니다. 덕분에 직원들의 안전 의식이 높아지고 사고율이 크게 줄었다고 합니다.

2. 현장에서 직접 대화하세요

사무실에서 직원을 부르지 마세요. 대표가 직접 현장에 가서 이야기를 나누세요.

  ○ 그 이유는
  - 직원이 하는 일을 직접 볼 수 있습니다.
  - 작업 환경의 문제점을 파악할 수 있습니다.
  - 다른 직원들도 대표가 현장에 관심이 있다는 걸 알게 됩니다.
  - 직원들이 더 편하게 이야기합니다.

3. 칭찬은 공개적으로, 지적은 개별적으로

  ○ 칭찬할 때
  - 아침 조회나 단체 자리에서 합니다.

- 구체적으로 무엇이 좋았는지 이야기합니다.
- 다른 직원들도 배울 점이 있다면 강조합니다.
- 가능하다면 작은 포상을 합니다.

○ 지적할 때
- 따로 불러서 조용히 이야기합니다.
- 감정적인 말은 절대 하지 않습니다.
- 문제의 원인을 같이 찾아봅니다.
- 개선 방안을 함께 고민합니다.

4. 식사 시간을 활용하세요

같이 밥 먹는 시간만큼 좋은 소통 시간이 없습니다. 한 달에 한 번이라도 전 직원과 같이 식사하는 시간을 가지세요.

○ 이럴 때 주의할 점
- 업무 얘기는 되도록 피하세요.
- 강제로 술을 권하지 마세요.
- 직원들의 가정사에 관심을 보이세요.
- 회사 운영에 대한 고민도 솔직히 나누세요.

작은 기업의 큰 꿈을 위하여

5. 직원들의 고충을 들으세요

○ 정기적인 면담
 - 분기에 한 번은 꼭 면담합니다.
 - 업무적인 어려움뿐만 아니라 개인적인 고민도 들어 줍니다.
 - 급여나 처우 개선 요구는 성의 있게 검토합니다.
 - 면담 내용은 반드시 기록해 둡니다.

○ 수시 면담
 - 직원이 면담을 요청하면 최대한 빨리 시간을 내세요.
 - 급한 일이 아니더라도 경청하는 자세를 보여 주세요.
 - 즉시 해결할 수 있는 것은 바로 조치하세요.
 - 시간이 필요한 사항은 검토 기한을 명확히 알려 주세요.

6. 회사 상황을 공유하세요

직원들은 회사가 잘되는지, 안 되는지 궁금합니다. 숨기지 말고 공유하세요.

○ 좋은 상황일 때
 - 수주 물량이 늘어난 것
 - 거래처가 늘어난 것

- 설비 투자 계획
- 향후 성장 방향

○ 어려운 상황일 때
- 현재의 어려움을 숨기지 않기
- 극복 방안에 대해 함께 고민하기
- 구조조정 같은 최악의 상황은 없을 것임을 확실히 하기
- 회사가 직원들과 함께 위기를 극복하겠다는 의지 보여 주기

7. 작은 것부터 실천하세요

○ 아침에 먼저 인사하기
○ 퇴근할 때 "수고하셨습니다" 인사하기
○ 직원 생일 챙기기
○ 경조사 참석하기
○ 작업복, 안전화 등 필요한 물품 제때 교체해 주기
○ 휴게실 환경 개선하기

Key Point

"소통은 하루아침에 이뤄지지 않습니다. 꾸준히 노력하다 보면 직원들도 마음을 열게 됩니다. '우리 회사는 직원들 말도 잘 들어 주는 회사'라는 소문이 나면 좋은 인재가 자연스럽게 모여듭니다."

작은 기업의 큰 꿈을 위하여

■ 실전 Check-List

□ 오늘 아침 조회는 했는가?

□ 현장을 한 번 이상 순회했는가?

□ 칭찬할 직원은 없었는가?

□ 직원들의 건의사항은 없었는가?

□ 전달할 공지사항은 없는가?

□ 개인적인 고충을 호소한 직원은 없는가?

□ 회사 소식 중 공유할 것은 없는가?

1-4.
작은 기업의 큰 꿈 그리기

"우리 같은 작은 공장도 비전이 필요한가요?"

많은 소기업 사장님들이 이렇게 말합니다. 하지만 25년간 현장을 돌아다니며 깨달은 것이 있습니다. 작은 기업일수록 오히려 더 명확한 방향이 필요합니다.

실제 이런 일이 있었습니다.

시화공단의 한 금속 가공 업체를 방문했을 때입니다. 사장실 벽에 큼지막하게 써 붙인 문구가 눈에 띄었습니다.

"2026년까지 자동차 부품 1차 협력사 달성"

"처음에는 직원들이 '우리가 무슨…' 하며 비웃었어요. 하지만 3년이 지난 지금, 우리는 2차 협력사가 되었고, 1차 협력사 승격을 준비하고 있습니다. 목표가 있으니 모두가 한 방향을 보고 달릴 수 있었죠."

작은 기업의 큰 꿈을 위하여

1. 현실적인 비전 세우기

○ 좋은 비전의 조건

　- 달성 가능한 목표일 것

　- 구체적인 숫자와 기한

　- 직원들이 이해하기 쉬울 것

　- 모두에게 동기 부여가 될 것

○ 피해야 할 비전

　- "글로벌 기업이 되자"(너무 추상적)

　- "매출 1000억 달성"(현실성 없음)

　- "최첨단 스마트공장 구축"(자금력 고려 안 함)

　- "업계 최고가 되자"(측정 불가능)

2. 단계별 목표를 정하세요

○ 단기 목표(6개월~1년)

　- 설비 노후화 개선

　- 기존 거래처 물량 유지

　- 불량률 감소

　- 직원 안전교육 강화

　- 자금 흐름 개선

○ 중기 목표(1~3년)
 - 신규 설비 도입
 - 신규 거래처 확보
 - 품질인증 획득
 - 숙련공 육성
 - 공장 환경 개선

○ 장기 목표(3~5년)
 - 제품군 다각화
 - 자체 기술 확보
 - 2공장 설립
 - 자동화 설비 도입
 - 직원 복지 향상

3. 목표는 숫자로 관리하세요

○ 생산 관련
 - 월간 생산량: __개
 - 불량률: __%
 - 납기 준수율: __%
 - 설비 가동률: __%

작은 기업의 큰 꿈을 위하여

○ 자금 관련
 - 월 매출액: __원
 - 영업이익률: __%
 - 부채비율: __%
 - 재고 회전일: __일

○ 인력 관련
 - 이직률: __%
 - 1인당 생산성: __개
 - 안전사고 발생: __건
 - 교육훈련 시간: __시간

4. 직원들과 공유하세요

○ 공유 방법
 - 월례 회의에서 실적과 목표 공유
 - 현장 게시판에 목표 달성률 표시
 - 분기별 달성 상황 점검 회의
 - 연간 목표 달성 시 포상 계획 공지

○ 주의할 점
 - 너무 높은 목표로 스트레스 주지 않기

- 미달성 시 질책보다는 원인 분석하기
- 목표 달성을 위한 회사의 지원 방안 제시
- 개인별 목표가 아닌 팀 단위 목표로 접근

5. 시장 변화를 읽으세요

○ 체크할 사항들
- 주요 거래처의 발주 계획
- 경쟁사들의 동향
- 신기술 개발 트렌드
- 정부 지원 정책 변화
- 원자재 가격 동향

○ 대응 방안
- 거래처 담당자와 정기적 미팅
- 같은 업종 사장님들과 정보 교류
- 관련 협회 세미나 참석
- 기술 교육과정 이수
- 지원사업 설명회 참여

작은 기업의 큰 꿈을 위하여

6. 위기 대응 계획도 세우세요

○ 대비해야 할 상황
 - 주요 거래처 물량 감소
 - 핵심 인력 이직
 - 대형 설비 고장
 - 자금 경색
 - 원자재 가격 급등

○ 대책 마련
 - 비상 자금 확보
 - 대체 거래처 발굴
 - 인력 교차 훈련
 - 설비 예방 정비
 - 원가 절감 방안 수립

Key Point

　작은 공장이라고 비전과 목표가 없으면 안 됩니다. 하지만 너무 거창할 필요도 없습니다. 우리 회사의 실정에 맞는, 달성 가능한 목표를 세우고, 한 걸음씩 나아가면 됩니다.

■ 실전 Check-List

☐ 이번 달 생산 목표는 달성 가능한가?

☐ 품질 목표는 적절한가?

☐ 자금 계획은 차질 없는가?

☐ 직원들은 목표를 이해하고 있는가?

☐ 시장 상황에 변화는 없는가?

☐ 위기 대응 준비는 되어 있는가?

☐ 목표 달성을 위한 구체적 실행 계획이 있는가?

작은 기업의 큰 꿈을 위하여

제2장

성공의 첫걸음

"메모하다 망한 사장 없습니다."

25년간 현장을 다니면서 깨달은 진실입니다. 기술자 출신 사장님들이 가장 많이 하시는 말씀이 있습니다. "다 머릿속에 있는데 뭘 또 적어?" 하지만 이게 함정입니다.

실제 이런 일들이 많습니다.
거래처에서 전화가 옵니다.
"지난번에 주문한 그 제품 있잖아요. 그거랑 똑같이 해 주세요."
"아… 그게 언제 것이더라…."
찾아보면 도면도 없고, 작업조건도 기억이 안 나고… 결국 처음부터 다시 시작해야 합니다.

시화공단의 어느 날, 두 공장의 극명한 차이를 보았습니다.
A공장은 모든 게 사장님 머릿속에 있었습니다.

- 거래처 연락처? "아, 내가 알아요."

- 설비 점검 일정? "그냥 기억하고 있죠."

- 자재 발주량? "대충 감으로 해요."

결과는 어땠을까요? 잦은 실수, 납기 지연, 품질 문제로 고생했습니다.

작은 기업의 큰 꿈을 위하여

반면 B공장은 달랐습니다.

- 항상 포켓수첩 소지
- 거래처와 통화할 때마다 메모
- 현장 돌면서 특이사항 기록
- 직원들 제안도 바로 기록
- 모든 회의 내용 정리

"한번은 3년 전에 만들었던 제품을 다시 주문받았어요. 다행히 그때 가공조건이랑 주의사항을 다 메모해 놔서 바로 시작할 수 있었죠. 거래처에서 깜짝 놀라더라고요. 그 뒤로 더 큰 물량을 맡기기 시작했습니다."

이 장에서는 소기업 CEO들이 꼭 알아야 할 메모의 기술을 다룹니다.

1. 천재는 기록하고 범인은 기억한다
○ 아이디어를 놓치지 않는 법
○ 문제 해결의 실마리 찾기

2. 1일 1메모로 시작하는 성공 습관
○ 빠뜨리지 않는 업무 관리
○ 효율적인 시간 활용

3. 현장의 보물창고, 기록 관리

○ 경험을 자산으로 만드는 법

○ 실수를 막는 기록 시스템

4. 실천하는 리더의 메모 비법

○ 계획을 실천으로 옮기는 법

○ 성과를 높이는 메모 기술

"메모는 비용이 아닌 투자입니다. 지금 몇 분 투자한 메모가 나중에 몇 시간, 아니 며칠의 낭비를 막아 줍니다."

작은 기업의 큰 꿈을 위하여

2-1.
천재는 기록하고 범인은 기억한다

"바쁜데 무슨 메모가 필요."

현장에서 자주 듣는 말입니다. 하지만 25년간 현장을 돌아다니면서 확실히 깨달았습니다. 가장 좋은 아이디어는 늘 현장에서 나옵니다.

실제 이런 일이 있었습니다.

안산의 한 금속 가공 업체는 늘 같은 불량으로 고민이었습니다. 가공 후 제품 표면에 미세한 스크래치가 생기는 거죠. 전문가들의 분석도 받아 보고, 고가의 설비 도입도 검토했습니다.

그러던 어느 날, 현장의 김 반장이 작은 수첩을 꺼내며 이렇게 제안했습니다.

"사장님, 제가 며칠째 관찰하면서 메모해 본 건데요. 원래 부품을 이렇게 쌓아서 옮기는데, 사이에 부직포를 한 장씩 넣어 보면 어떨까요?"

결과는 놀라웠습니다.

- 불량률 80% 감소
- 추가 비용 거의 없음
- 작업도 크게 불편하지 않음
- 고가 설비 도입 불필요

"이걸 꼭 메모해 둬야겠다 싶어서 적어 뒀어요. 그냥 머리로만 생각했다면 잊어버렸을 텐데…."

1. 현장 메모의 기술

○ 문제 해결의 황금법칙
- 현장을 보면서 메모하기

"책상에서 고민하지 마세요. 문제가 발생한 곳으로 직접 가 보세요."

○ 메모할 때 핵심 포인트
- 언제 문제가 발생하는가?
- 어떤 상황에서 자주 일어나는가?
- 문제 발생 전후의 변화는?
- 작업자들의 의견은 무엇인가?

작은 기업의 큰 꿈을 위하여

"아침 첫 가동 시 설비 예열이 충분하지 않았던 거예요. 이제는 30분 일찍 출근해서 설비부터 가동합니다. 불량이 확 줄었어요."

2. 아이디어 포착하기

○ 현장의 소리를 메모하세요

"우리 설비는 아침에 처음 가동할 때가 제일 불안해요."

"이 부품은 습도가 높을 때 자주 불량이 나요."

"이렇게 하면 더 편할 것 같은데…."

이런 작업자들의 말 한마디가 해결의 실마리가 됩니다.

○ 메모 습관의 효과

  - 순간의 아이디어를 놓치지 않음

  - 패턴 발견이 쉬워짐

  - 해결책 도출이 빨라짐

  - 비슷한 문제 재발 방지

3. 문제 해결 5단계 메모법

○ 1단계: 현상 파악
 - 발생 시점
 - 발생 빈도
 - 발생 패턴
 - 영향 범위

○ 2단계: 원인 분석
 - 작업자 요인
 - 설비 요인
 - 환경 요인
 - 자재 요인

○ 3단계: 해결책 도출
 - 현장 의견 수렴 내용
 - 가능한 해결방안 목록
 - 예상되는 효과
 - 필요한 자원과 비용

○ 4단계: 실행
 - 실행 일정표

작은 기업의 큰 꿈을 위하여

- 담당자 지정
- 필요 자원
- 점검 포인트

○ 5단계: 효과 검증
- 개선 전후 비교 데이터
- 예상치 못한 문제점
- 추가 개선사항
- 성공/실패 요인

4. 창의적 문제 해결을 위한 메모 기법

○ Why-Why 분석
문제: 불량률 증가
- Why1: 작업자마다 품질 기준이 다름
- Why2: 품질 기준표가 없음
- Why3: 기준을 문서화하지 않음
- Why4: 메모하는 습관이 없었음
→ 해결책: 품질 기준 메모 후 문서화

○ 브레인스토밍 메모법
- 떠오르는 아이디어 즉시 기록

- 평가는 나중에
- 엉뚱한 생각도 기록
- 다른 사람 의견도 기록

5. 성공적인 메모 관리

○ 메모 정리하기
- 날짜별로 분류
- 주제별로 정리
- 우선순위 표시
- 실행 여부 체크

○ 메모 활용하기
- 주간 회의 자료로 활용
- 교육 자료로 활용
- 매뉴얼 제작에 활용
- 노하우 축적

Key Point

"메모는 기억의 창고가 아닌 생각의 도구입니다. 메모를 하면서 생각이 정리되고, 패턴이 보이고, 해결책이 떠오릅니다. 작은 메모 하나가 큰 문제를 해결하는 열쇠가 됩니다."

작은 기업의 큰 꿈을 위하여

■ 실전 Check-List

☐ 현장 관찰 내용을 메모하고 있는가?

☐ 직원들의 의견을 기록하고 있는가?

☐ 문제 해결 과정을 기록하고 있는가?

☐ 개선 전후를 비교, 기록하고 있는가?

☐ 메모를 정기적으로 검토하고 있는가?

☐ 성공/실패 사례를 기록하고 있는가?

☐ 메모를 통해 패턴을 발견하고 있는가?

2-2.
1일 1메모로 시작하는 성공 습관

"일이 끝나도 머리가 복잡해서 잠이 안 와요."

많은 소기업 사장님들의 고민입니다. 머릿속에 모든 걸 담아 두려고
하니 그렇습니다. 체계적으로 메모하고 관리하면 훨씬 편해집니다.

실제로 이런 일이 있었습니다.
인천의 한 프레스 업체 사장님의 이야기입니다.
"예전엔 정신없이 일만 했어요. 납기 지키느라 야근도 많이 하고…
그러다 한번은 큰 문제가 생겼죠. 중요한 거래처 납품을 깜빡했어요.
그때부터 업무 관리를 시작했더니, 이제는 퇴근 시간도 지키고 실수도
거의 없어요."

작은 기업의 큰 꿈을 위하여

1. 업무 메모의 기본

○ 메모장 구성법

 - 일간 업무 체크리스트

 - 주간 계획표

 - 월간 일정표

 - 거래처별 연락처

 - 긴급 상황 대응 목록

○ 효과적인 체크리스트 작성법

 - 중요도 표시(★★★)

 - 긴급도 표시(➜➜➜)

 - 완료 여부 체크(√)

 - 특이사항 메모(※)

실제 사례

부천의 한 금형 업체는 이런 체크리스트로 하루를 시작합니다.

 - ★★★ 거래처 A 납품(오전 11시) √

 - ★★ 자재 발주(steel 500kg) ➜

 - ★ 설비 점검 예약 ※ 윤활유 교체 필요

---

2. 시간대별 업무 관리

시간대별 업무를 다음과 같이 메모하면 업무 관리하기에 수월합니다.

○ 아침 루틴(8시까지)
 - 오늘의 주요 일정
 - 긴급 처리 사항
 - 자재/설비 체크
 - 인원 현황

○ 오전 업무(8시~12시)
 - 거래처 연락 사항
 - 생산 계획 확인
 - 품질 검사 결과
 - 주문/발주 현황

○ 오후 업무(13시~17시)
 - 미처리 업무 확인
 - 내일 준비 사항
 - 특이사항 정리
 - 거래처 피드백

작은 기업의 큰 꿈을 위하여

실제 사례

시흥의 한 업체 사장님은 A5 크기 수첩을 세로(가로)로 3등분해서 사용합니다.

- 위: 오늘 꼭 할 일
- 중간: 진행 중인 일
- 아래: 다음으로 미룰 일

"한눈에 보이니까 일의 우선순위를 정하기 쉽고, 빠뜨리는 것도 없어요."

3. 주간/월간 업무 관리

○ 주간 관리 포인트
- 월요일 아침: 주간 계획 수립
- 수요일: 중간 점검
- 금요일: 주간 마무리
- 다음 주 준비사항 체크

○ 월간 관리 포인트
- 월초: 목표 설정
- 월중: 진도 체크
- 월말: 실적 정리
- 다음 달 준비

4. 분야별 업무 메모법

○ 생산 관리 메모
 - 일일 생산량
 - 불량 발생 현황
 - 설비 가동 상태
 - 자재 사용량
 - 특이사항

실제 활용 예

3/15 생산현황
A제품: 500개 완료/불량 3개
B제품: 진행 중(70%)
2번 설비: 윤활유 부족
자재: SUS304 잔량 100kg

○ 품질 관리 메모
 - 검사 결과
 - 불량 유형
 - 조치 사항
 - 개선점
 - 재발 방지책

작은 기업의 큰 꿈을 위하여

○ 거래처 관리 메모
 - 연락 내용
 - 요청 사항
 - 약속 시간
 - 견적 내역
 - 특별 요구사항
 - 긴급 상황 대응 메모

○ 긴급 연락망
 - 주요 거래처
 - 협력 업체
 - 설비 업체
 - 운송 업체
 - 직원 비상연락망

○ 위기 대응 절차
 - 상황 파악
 - 조치 사항
 - 보고 체계
 - 사후 관리
 - 효율적인 메모 시스템 구축

○ 기본 도구

  - 포켓용 수첩(현장용)

  - 달력형 다이어리(일정 관리용)

  - 체크리스트(업무 관리용)

  - 긴급연락처 카드(비상용)

○ 디지털 활용

  - 스마트폰 메모 앱

  - 캘린더 앱

  - 체크리스트 앱

  - 클라우드 저장

Key Point

"체계적인 메모는 실수를 줄이고, 시간을 절약하며, 스트레스를 줄여 줍니다. 특히 바쁠 때일수록 메모가 더 중요합니다. 메모하는 시간이 아깝다고 생각하지 마세요. 그 시간이 나중에 몇 배로 돌아옵니다."

■ 실전 Check-List

☐ 매일 아침 할 일을 정리하는가?

☐ 중요도와 긴급도를 표시하는가?

☐ 완료 사항을 체크하는가?

☐ 미처리 업무를 다음 날로 이관하는가?

　　　　　　　　　　　　작은 기업의 큰 꿈을 위하여

□ 주간/월간 계획을 세우는가?

□ 긴급 연락망을 갖추고 있는가?

□ 주기적으로 메모를 정리하는가?

2-3.
현장의 보물창고, 기록 관리

"이거 어떻게 했더라…."

현장에서 자주 듣는 말입니다. 기술자 출신 사장님들이 가장 많이 하시는 고민이죠. 머릿속에는 다 들어 있는데, 막상 필요할 때는 기억이 안 납니다.

실제로 이런 일이 있었습니다.

시화공단의 한 프레스 업체의 이야기입니다. 3년 전에 만들었던 제품을 거래처에서 다시 주문했습니다. 사장님은 자신 있게 "알겠습니다" 했는데, 막상 시작하려니 막막했습니다. 어떤 조건으로 가공했는지, 어떤 공구를 썼는지… 아무것도 기억이 안 났습니다.

결국 처음부터 다시 시작했고, 시행착오를 겪으면서 납기도 늦어지고 불량도 났습니다. 거래처의 신뢰를 잃은 거죠. 그때부터 이 사장님은 모든 걸 기록하기 시작했습니다.

작은 기업의 큰 꿈을 위하여

"처음엔 귀찮았어요. 바쁜데 뭘 또 적나 싶었죠. 근데 이게 습관이
되니까, 회사가 완전히 달라졌습니다."

1. 무엇을 기록해야 할까?

○ 기술 관련 기록
 - 가공 조건
 - 공구 설정값
 - 불량 발생 원인
 - 해결 방법
 - 특이사항

○ 거래처 관련 기록
 - 연락처
 - 단가 협의 내용
 - 특별 요구사항
 - 클레임 처리 내역
 - 주요 미팅 내용

2. 어떻게 달라졌을까요?

○ 품질이 안정됐습니다
  - 작업 조건이 표준화됨
  - 누가 해도 같은 품질
  - 불량 원인 추적 용이
  - 재발 방지 가능

○ 시간이 절약됩니다
  - 과거 자료 즉시 확인
  - 시행착오 감소
  - 문제 해결 시간 단축
  - 교육 시간 단축

○ 거래처 신뢰가 높아졌습니다
  - 빠른 견적 가능
  - 정확한 납기 예측
  - 품질 문제 신속 대응
  - 기술력 인정받음
  - 현장 기록의 실천 방법

작은 기업의 큰 꿈을 위하여

○ 각 설비마다 기록장 부착

"설비별로 특성이 다릅니다. 각각의 특징을 기록해 두면 누구나 잘 다룰 수 있습니다."

 - 작업 조건

 - 주의사항

 - 점검 포인트

 - 특이사항

○ 불량 발생 시 기록

 - 발생 일시

 - 불량 유형

 - 추정 원인

 - 조치 사항

 - 재발 방지책

실제 사례

부천의 한 금형 업체는 모든 불량품을 사진으로 찍어 보관합니다. 날짜, 원인, 해결 방법을 함께 기록해서 데이터베이스로 만들었더니 비슷한 불량이 거의 발생하지 않게 되었습니다.

---

3. 효과적인 기록 시스템

○ 작업일지 작성법
 - 일자/담당자
 - 생산수량/불량수량
 - 특이사항
 - 자재 사용량
 - 다음 날 준비사항

실제 양식 예시

〈2025.2.15 작업일지〉

담당: 김정태
1. 생산현황
 - A제품: 500개 완료/불량 2개
 - B제품: 300개 진행 중

2. 특이사항
 - 2번 프레스 오일 교체
 - C거래처 긴급주문 접수

3. 내일 준비사항
 - 자재 입고 확인 필요
 - D제품 금형 준비

작은 기업의 큰 꿈을 위하여

4. 기록 관리의 핵심

○ 정기적인 정리
  - 주간 단위로 파일링
  - 월간 보고서 작성
  - 분기별 데이터 분석
  - 연간 통계 작성

○ 쉽게 찾을 수 있는 분류
  - 거래처별
  - 제품별
  - 공정별
  - 설비별

5. 디지털 기록의 활용

○ 기본적인 디지털화
  - 엑셀로 데이터 관리
  - 사진으로 증거 확보
  - 클라우드로 백업
  - 태블릿으로 현장 기록

"디지털만 믿다가는 큰 낭패를 볼 수 있습니다. 중요한 내용은 반드시 종이에도 기록해 두세요."

6. 기록의 활용

○ 직원 교육에 활용
 - 신입 교육 자료
 - 작업 매뉴얼 제작
 - 사례 학습 자료
 - 개선 활동 근거

○ 경영 개선에 활용
 - 원가 분석
 - 생산성 향상
 - 품질 개선
 - 설비 투자 계획

Key Point

"기록은 회사의 자산입니다. 지금 당장은 귀찮고 시간이 아깝게 느껴질 수 있습니다. 하지만 이것이 쌓여서 회사의 경쟁력이 되고, 문제 해결의 열쇠가 되며, 성장의 밑거름이 됩니다."

■ 실전 Check-List

□ 설비별 작업 조건을 기록하고 있나?

□ 불량 발생 시 상세 기록을 하나?

□ 거래처 요구사항을 문서화하나?

□ 작업일지를 매일 작성하나?

□ 기록물을 체계적으로 분류하나?

□ 중요 자료는 백업하고 있나?

□ 기록을 교육에 활용하고 있나?

2-4.
실천하는 리더의 메모 비법

"메모는 표현 능력을 키우고 경청하게 만듭니다."

시화공단의 한 금속 가공 업체 사장님 말씀입니다. 리더가 메모하는 모습은 직원들에게 본보기가 되고, 조직 전체의 기록 문화를 만드는 출발점이 됩니다.

실제 이런 일이 있었습니다.

부천의 한 프레스 업체는 사장님부터 메모 습관을 실천했습니다.

○ 매일 아침 포켓 노트에 할 일 정리

○ 회의 때마다 중요 포인트 기록

○ 직원들 제안도 그 자리에서 메모

○ 모든 약속은 반드시 기록

1년 후의 변화는 놀라웠습니다.

작은 기업의 큰 꿈을 위하여

○ 업무 실수 80% 감소

○ 회의 시간 50% 단축

○ 직원 제안 2배 증가

○ 고객 신뢰도 상승

"처음에는 귀찮았지만, 이제는 메모가 회사의 가장 큰 자산이 되었습니다."

1. 리더의 메모 원칙

○ 기본 수칙

- 시점을 반드시 기록(날짜, 요일, 날씨)

- 번호를 붙여 체계적으로 정리

- 현상과 생각을 구분해서 기록

- 중요한 것은 특별 표시(구름마크)

○ 활용 포인트

- 메모는 계획에 중점

- 현장의 소리를 담아내기

- 직원들의 제안 놓치지 않기

- 실행 여부 반드시 체크

2. 성공하는 리더의 메모 습관

○ 시작과 끝에 메모
 - 아침: 오늘의 목표와 일정
 - 저녁: 진행상황과 내일 계획
 - 주간: 주요 실적과 이슈
 - 월간: 성과 분석과 전략

○ 현장에서의 메모
 - 직원들 의견 꼼꼼히 기록
 - 문제점 발견 즉시 메모
 - 개선 아이디어 정리
 - 후속조치 사항 체크

"현장의 작은 목소리 하나가 회사를 바꾸는 큰 아이디어가 될 수 있습니다."

3. 리더가 꼭 기록할 것들

○ 경영 관련 기록
 - 매출/이익 추이
 - 자금 흐름

작은 기업의 큰 꿈을 위하여

- 투자 계획
- 리스크 요인

○ 인사 관련 기록
 - 직원 면담 내용
 - 업무 평가
 - 교육 계획
 - 보상 기준

○ 고객 관련 기록
 - 거래처 요구사항
 - 클레임 처리
 - 개선 피드백
 - 시장 동향

4. 메모를 실천하는 리더의 자세

○ 솔선수범의 자세
 - 먼저 메모하는 모습 보여 주기
 - 직원들의 메모 습관 격려
 - 메모 내용 공유하고 실천하기
 - 성과 피드백으로 동기 부여

○ 지속적인 관리

 - 주간 단위로 메모 정리

 - 월간 실적과 비교 분석

 - 분기별 트렌드 파악

 - 연간 전략에 반영

5. 리더가 피해야 할 실수들

○ 흔한 실패 사례

 - 귀찮아서 미루기

 - 머릿속으로만 정리

 - 기록 후 방치

 - 실천 계획 없는 메모

 - 비밀스러운 메모

Key Point

"메모는 리더의 기본입니다. 리더가 메모하는 순간 조직이 바뀌기 시작합니다. 작은 메모 하나가 회사의 미래를 바꿀 수 있습니다."

■ 실전 Check-List

☐ 매일 메모 습관이 있는가?

☐ 시점과 번호를 기록하는가?

작은 기업의 큰 꿈을 위하여

□ 현상과 생각을 구분하는가?

□ 중요한 것을 표시하는가?

□ 메모 내용을 실천하는가?

□ 정기적으로 검토하는가?

□ 직원들과 공유하는가?

제3장

일터 혁신의 시작

"공장이 깨끗하면 제품도 깨끗합니다."

25년간 현장을 다니면서 가장 많이 들었던 성공한 사장님들의 말씀입니다. 정리, 정돈, 귀찮고 번거롭죠. '바쁜데 무슨 정리야', '어차피 또 지저분해질 텐데…' 이런 생각 많이 하실 겁니다. 저도 그랬으니까요.

하지만 현장에서 보면 묘한 규칙이 있습니다. 깨끗한 공장은 품질도 좋고, 불량도 적고, 사고도 적게 납니다. 반면 지저분한 공장은 자잘한 문제가 끊이질 않습니다.

실제 이런 일이 있었습니다.
시화공단의 세 공장을 비교해 봤습니다.

A공장: 늘 어지러운 상태
 - 공구가 어디 있는지 몰라 찾는 시간이 길어짐
 - 자재 재고 파악이 안 되어 긴급 발주 빈번
 - 불량품과 양품이 섞여 있어 품질 문제 발생
 - 작업장 동선이 복잡해 사고 위험 상존

B공장: 한 달 전 정리, 정돈 시작
 - 공구 정리로 작업 시간 단축

작은 기업의 큰 꿈을 위하여

- 자재 위치 표시로 재고 관리 용이
- 불량품 분리로 품질 관리 개선
- 통로 확보로 안전성 향상

C공장: 3년간 정리, 정돈 습관화
- 모든 것이 제자리에 있어 작업 효율 최고
- 재고 관리 시스템 완벽 가동
- 불량률 업계 최저 수준
- 산업재해 제로 달성
- 거래처에서 견학 올 정도로 깨끗한 환경

특히 C공장 사장님의 말씀이 인상적이었습니다.

"처음에는 다들 '공장이 원래 더러운 거지' 했습니다. 하지만 정리, 정돈을 시작하고 나서 모든 게 달라졌어요. 직원들 표정도 밝아지고, 일하는 재미도 생기고… 무엇보다 거래처에서 신뢰를 줍니다. 깨끗한 공장에서 나오는 제품은 믿을 수 있다고요."

이 장에서는 작은 공장에서도 실천할 수 있는 정리, 정돈의 구체적인 방법을 소개합니다.

1. 현장이 달라지면 매출이 달라진다
○ 깨끗한 현장의 힘

○ 환경 관리의 기본

○ 구역별 환경 관리

○ 효율적인 동선 관리

2. 작지만 강한 기업의 5S 성공 비법

○ 정리(Seiri)

○ 정돈(Seiton)

○ 청소(Seiso)

○ 청결(Seiketsu)

○ 습관화(Shitsuke)

3. 돈이 되는 재고 관리

○ 효율적인 재고 관리 방법

○ 자재 입출고 시스템

○ 불량품 관리 체계

○ 물류 최적화 방안

4. 설비의 생명을 연장하는 관리 기술

○ 공구 보관 및 관리 시스템

○ 예방 정비 계획 수립

○ 설비 이력 관리

작은 기업의 큰 꿈을 위하여

"정리, 정돈은 시간 낭비가 아닌 시간 투자입니다. 깨끗하고 정돈된 공장이 생산성과 품질을 높입니다."

3-1.
현장이 달라지면 매출이 달라진다

"공장이 깨끗하면 제품도 깨끗합니다."

25년간 현장을 돌아다니면서 발견한 진실입니다. 정리, 정돈이 잘된 공장은 품질도 좋고, 불량도 적고, 사고도 적게 납니다. 반면 지저분한 공장은 자잘한 문제가 끊이질 않습니다.

1. 깨끗한 현장의 힘

실제 사례를 들려드리겠습니다. 부천의 어떤 프레스 업체는 매일 아침 15분씩 청소를 합니다. 처음엔 직원들이 불만이었죠. "차라리 그 시간에 일하지…"

○ 3개월 만에 놀라운 변화가 있었습니다
  - 안전사고가 제로가 됐습니다.
  - 불량률이 30% 감소했습니다.
  - 공구 분실이 없어졌습니다.

- 설비 고장이 절반으로 줄었습니다.

2. 환경 관리의 기본

○ 바닥부터 관리하세요
 - 기름때는 미끄러짐 사고의 원인
 - 칩(금속 가루)은 품질 불량의 원인
 - 물웅덩이는 녹 발생의 원인
 - 전선은 걸려 넘어짐의 원인

○ 채광과 조명을 밝게
 - 형광등은 정기적으로 교체
 - 자연광이 들어오는 창은 깨끗이
 - LED 등으로 교체하면 전기료도 절약
 - 국소 조명도 필요한 곳에 설치

실제 사례

시흥의 한 금형 업체는 LED 조명 교체 후 불량률이 20% 감소했습니다. "밝아진 작업장에서 직원들이 더 섬세하게 일할 수 있게 됐어요."

○ 환기는 수시로
 - 아침 첫 작업 전 환기

- 점심시간 환기
- 퇴근 전 환기
- 절삭유 교체 시 반드시 환기

○ 작업장 관리 포인트
- 공구는 그림자 보드에 정리
- 자재는 팔레트 위에 정돈
- 통로는 항상 비워 두기
- 안전통로는 노란선으로 표시

3. 구역별 환경 관리

○ 휴게실
"휴게실은 직원들의 에너지를 충전하는 곳입니다."
- 매일 청소 당번제 운영
- 쓰레기통 수시로 비우기
- 개인 사물함 정리, 정돈
- 식수대 주변 청결 유지

○ 자재창고
"창고는 회사의 자산이 보관된 곳입니다."
- 입고/출고 통로 확보

작은 기업의 큰 꿈을 위하여

- 무거운 것은 아래쪽에

- 자주 쓰는 건 앞쪽에

- 라벨 표시 확실히

실제 사례

안산의 한 업체는 자재창고에 바닥 테이프로 구역을 나누고, 각 구역마다 품목 라벨을 붙였더니 자재 찾는 시간이 80% 줄었습니다.

---

4. 효율적인 동선 관리

○ 작업 동선 최적화

"불필요한 동선은 곧 낭비입니다."

- 공정 순서대로 설비 배치

- 자재 적재 위치 최적화

- 공구 사용 위치 고려

- 이동 통로 확보

- 지속적인 관리 방법

○ 일일 관리

- 아침 조회 때 담당구역 점검

- 작업 중 수시 정리, 정돈

- 퇴근 전 마무리 청소

- 다음 날 준비 상태 확인

○ 주간 관리
 - 주 1회 대청소 실시
 - 설비 주변 대청소
 - 창고 정리, 정돈
 - 환경 개선점 체크

Key Point

"환경 관리는 비용이 아닌 투자입니다. 깨끗하고 정돈된 작업장은 생산성을 높이고, 품질을 개선하며, 안전사고를 예방합니다. 무엇보다 직원들이 자부심을 가지고 일할 수 있게 됩니다."

■ 실전 Check-List

☐ 작업장 바닥은 깨끗한가?

☐ 조명은 충분히 밝은가?

☐ 환기는 정기적으로 하는가?

☐ 통로가 확보되어 있는가?

☐ 공구/자재는 정리되어 있나?

☐ 휴게실은 깨끗한가?

☐ 창고는 체계적으로 관리되나?

작은 기업의 큰 꿈을 위하여

3-2.
작지만 강한 기업의 5S 성공 비법

"공장은 어차피 더러워질 건데 뭐 하러 정리, 정돈을 해요?"

"바쁜데 정리할 시간이 어디 있어요?"

"우리 직원들은 정리, 정돈에 관심이 없어요."

현장에서 자주 듣는 이야기입니다. 저도 25년 전, 처음 공장을 시작했을 때는 그랬습니다. 정리, 정돈이 시간 낭비처럼 느껴졌죠.

그런데 어느 날, 충격적인 경험을 했습니다. 일본의 한 작은 공장을 방문했을 때였죠. 직원이 10명도 안 되는 조그만 공장이었는데, 들어서는 순간 깜짝 놀랐습니다. 맨발로 들어가도 될 만큼 깨끗했거든요.

더 놀라운 건 그 회사의 실적이었습니다. 불량률 0.1% 미만, 납기 준수율 100%, 직원 이직률 제로…. 비결이 뭐냐고 물었더니 사장님이 이런 말씀을 하시더군요.

"정리, 정돈은 비용이 아닙니다. 투자입니다. 깨끗한 공장에서는 문제가 보입니다. 불량의 원인도 보이고, 낭비의 요소도 보이고, 위험한 요소도 보입니다. 반대로 지저분한 공장에서는 아무것도 보이지 않죠."

이 장에서는 제가 현장에서 직접 경험하고 효과를 본 정리, 정돈 방법을 알려 드리려고 합니다. 복잡한 이론이 아닙니다. 당장 오늘부터 시작할 수 있는 실천 방법들입니다.

1. 5S가 뭔가요?

정리(Seiri), 정돈(Seiton), 청소(Seiso), 청결(Seiketsu), 습관화(Shitsuke)의 일본어 머리글자를 딴 겁니다. 어렵게 생각하지 마세요. 쉽게 말해 '일터를 깨끗하고 효율적으로 만드는 방법'입니다.

2. 5S가 회사를 바꿉니다

실제 사례를 보겠습니다. 부천의 한 프레스 업체는 5S를 시작하고 3개월 만에 이런 변화가 있었습니다.

○ 공구 찾는 시간 80% 감소
○ 자재 찾는 시간 60% 감소
○ 불량률 50% 감소

작은 기업의 큰 꿈을 위하여

○ 설비 고장 70% 감소

3. 단계별 실천 방법

○ 1단계 정리(Seiri): 필요한 것과 필요 없는 것 구분하기

'이거 나중에 쓸지도 모르는데….'

이런 생각이 가장 큰 적입니다.

이렇게 시작하세요.
  - 빨간 스티커 작전: 한 달간 안 쓴 물건에 스티커 붙이기
  - 한 달 후: 스티커 붙은 채로 있는 건 과감히 정리
  - 예외: 정말 필요한 예비품은 별도 보관

실제 사례

시흥의 한 업체는 빨간 스티커 작전으로 공구함 정리를 했더니, 30%가 불필요한 물건이었습니다. 공간이 넓어지니 작업 효율도 올라갔습니다.

○ 2단계 정돈(Seiton): 물건마다 제자리가 있어야 합니다

"어제 여기 뒀는데…."

이런 말이 없어져야 합니다.

- 실천 방법
  - 자주 쓰는 건 손이 닿는 곳에
  - 가끔 쓰는 건 조금 멀리
  - 모든 물건에 이름표 붙이기
  - 보관 위치에도 이름표 붙이기

실제 사례

인천의 한 업체는 공구함에 그림자 보드를 설치했습니다. 공구 모양대로 그림자를 그려 놓으니 어디에 뭐가 있는지 한눈에 보이고, 없는 것도 바로 알 수 있게 되었습니다.

○ 3단계 청소(Seiso): 청소는 점검입니다

청소하면서 이것도 체크하세요.

- 기계에서 이상한 소리가 나는지
- 기름이 새는 곳은 없는지
- 부품이 느슨해진 곳은 없는지
- 전선이 닳은 곳은 없는지

실제 사례

부천의 한 업체는 매일 아침 10분 청소 시간에 설비 이상을 발견했습니다. 큰 고장으로 이어질 뻔한 것을 조기에 발견하고 조치할 수 있었죠.

작은 기업의 큰 꿈을 위하여

○ 4단계 청결(Seiketsu): 유지가 핵심입니다

깨끗해진 상태를 계속 유지하는 게 중요합니다.

- 담당구역 정하기
- 청소 시간 정하기
- 체크리스트 만들기
- 주기적으로 점검하기

○ 5단계 습관화(Shitsuke): 지속적인 실천이 필요합니다

처음엔 다들 귀찮아합니다. 하지만 습관이 되면 자연스러워집니다.

- 매일 5분이라도 실천
- 작은 성과라도 칭찬
- 전 직원이 참여
- 경영진이 솔선수범

4. 시작하는 방법

욕심내지 마세요. 이렇게 하나씩 시작하세요.

○ 1주 차: 불필요한 물건 정리

- 현장 돌아다니며 체크
- 빨간 스티커 붙이기
- 한 달 후 처분할 것 결정

○ 2주 차: 필요한 물건 정돈

 - 보관 위치 정하기

 - 이름표 붙이기

 - 선 긋고 구역 나누기

○ 3주 차: 청소 시작

 - 청소 구역 정하기

 - 담당자 지정

 - 청소 도구 준비

○ 4주 차: 표준 만들기

 - 체크리스트 만들기

 - 담당자 교육

 - 점검 방법 정하기

5. 자주 하는 실수들

○ 피해야 할 함정

 - 한꺼번에 다 하려고 함

 - 직원 의견 무시

 - 강제로만 추진

 - 형식적인 점검

작은 기업의 큰 꿈을 위하여

- 지속성 부족

Key Point

"5S는 단순한 청소가 아닌 회사의 체질을 바꾸는 일입니다. 깨끗한 공장이 좋은 제품을 만들고, 좋은 제품이 좋은 거래처를 만듭니다. 5S로 시작하는 작은 변화가 회사의 미래를 바꿉니다."

■ 실전 Check-List

☐ 불필요한 물건을 정리했나?

☐ 모든 물건이 제자리에 있나?

☐ 청소 구역과 담당자가 정해졌나?

☐ 체크리스트가 있나?

☐ 직원들이 자발적으로 참여하나?

☐ 경영진이 솔선수범하고 있나?

☐ 지속적인 관리가 이루어지나?

3-3.
돈이 되는 재고 관리

"자재가 많은 게 좋은 거 아닌가요?"

"그동안 눈대중으로 해도 별 문제 없었는데⋯."

현장에서 자주 듣는 말입니다. 하지만 25년간 현장을 돌아다니며 보니, 많은 회사들이 재고 관리 때문에 어려움을 겪고 있었습니다.

실제 이런 일이 있었습니다.

시화공단의 A공장,

어느 날 창고 정리를 하다가 깜짝 놀랐습니다. 3년 전에 구매한 자재가 녹슬어 있었던 겁니다. 알고 보니 그동안 쌓아 둔 재고가 5천만 원어치. 결국 대부분 고철로 처분할 수밖에 없었습니다.

반면, 부천의 B공장,

매주 금요일이면 사장님이 직접 재고 조사를 합니다. 자재 위치마다

작은 기업의 큰 꿈을 위하여

라벨을 붙이고, 입출고 기록을 꼼꼼히 남깁니다. "처음엔 번거로웠지만, 지금은 이게 회사의 가장 큰 자산이 됐어요. 자재 찾는 시간도 줄고, 불량도 줄고, 급한 발주도 없어졌죠."

1년 후 두 회사의 차이는 극명했습니다.

A공장
- 묶여 있는 자금 때문에 신규 설비 도입 포기
- 자재 찾느라 납기 지연 빈번
- 갑작스러운 발주로 비용 증가
- 불량 자재 섞여들어 품질 문제 발생

B공장
- 현금 유동성 개선으로 신규 설비 도입
- 납기 준수율 100% 달성
- 자재 구매 비용 15% 절감
- 품질 불량 50% 감소

"재고는 돈입니다. 창고에 쌓인 자재는 여러분의 통장에서 빠져나간 현금과 같습니다."

이제부터 소기업 현장에서 바로 적용할 수 있는 재고 관리와 물류 관리의 핵심을 알려 드리겠습니다.

1. 효율적인 재고 관리 방법

"눈대중으로 하면 반드시 실패합니다."

인천의 한 프레스 업체 사장님은 이렇게 시작했습니다.

○ 기본부터 시작하기
 - 모든 자재에 입고일자 표시
 - 보관 위치 지정
 - 재고 카드 작성
 - 주간 실사 실시

○ 적정 재고량 관리
"많아도 문제, 적어도 문제입니다."

 - 자재별 기준
   • 일반 자재: 2주치
   • 주문생산용: 발주 시점
   • 수입 자재: 2개월치
   • 특수 자재: 최소 발주량 기준

작은 기업의 큰 꿈을 위하여

- 실제 계산 방법
  - 일일 평균 사용량 파악
  - 자재 조달 기간 확인
  - 안전 재고 = 기본 재고 × 20%
  - 적정 재고 = 기본 재고 + 안전 재고

사례

하루 100kg 쓰는 자재, 조달에 5일 걸린다면

- 기본 재고 = 100kg × 5일 = 500kg
- 안전 재고 = 500kg × 20% = 100kg
- 적정 재고 = 600kg 유지

○ 재고 관리 시스템 구축
"시스템이라고 거창하게 생각하지 마세요."
  - 기록장 준비
  - 입고/출고 내역 기록
  - 매주 실사
  - 매월 정리

2. 자재 입출고 시스템

"입고 때 실수하면 나중에 큰 낭비가 됩니다."

시화공단의 한 금속가공 업체는 이렇게 관리합니다.

○ 입고 관리의 3단계
 - 1단계: 수령 확인
   • 거래명세서와 실물 대조
   • 수량/규격 확인
   • 자재 상태 체크
   • 성적서 확보(필요시)

 - 2단계: 위치 배정
   • 자재 특성 고려
   • 사용 빈도 확인
   • 무게/부피 고려
   • 보관 조건 확인

 - 3단계: 기록 관리
   • 입고 일자
   • 수량/규격
   • 보관 위치
   • LOT 번호

작은 기업의 큰 꿈을 위하여

실제 활용 양식

[입고 관리 카드]
  - 입고일: 2024.2.15
  - 품명: SUS304
  - 규격: 2.0t × 1,000 × 2,000
  - 수량: 10장
  - LOT No.: 24031501
  - 보관 위치: A-1-2
  - 특이사항: 성적서 확인 완료

○ 출고 관리의 핵심

"선입선출이 기본입니다."

출고 절차
  - 출고 요청 접수
  - 재고 확인
  - 선입선출 확인
  - 현장 출고
  - 기록 갱신

3. 불량품 관리 체계

"불량품 하나가 공장 전체를 망칠 수 있습니다."

부천의 한 금속 가공 업체는 이렇게 관리합니다.

○ 불량품 식별 관리
 - 발견 즉시 빨간 태그 부착
 - 격리 장소로 즉시 이동
 - 불량 내용 상세 기록
 - 담당자 서명 필수

○ 불량품 보관 체계
 - 전용 보관구역 설정
 - 재작업 가능품 구역
 - 등급 하향품 구역
 - 폐기 예정품 구역

○ 불량품 처리 절차
1) 불량 판정
 - 품질팀 확인
 - 불량 정도 판정
 - 처리 방안 결정

2) 처리 실행
 - 재작업: 작업 지시서 발행
 - 등급 하향: 용도 지정
 - 폐기: 처분 절차 진행

작은 기업의 큰 꿈을 위하여

3) 후속 조치
  - 원인 분석
  - 재발 방지 대책
  - 비용 정산
  - 기록 보관

4. 물류 최적화 방안

"동선 하나 줄이면 시간이 보입니다."

안산의 한 프레스 업체는 물류 동선을 개선한 후 작업 효율이 30% 향상됐습니다.

○ 물류 동선의 기본 원칙
"가장 많이 움직이는 것이 가장 가까이 있어야 합니다."
작업장 배치
  - 입고장: 하역이 쉬운 곳
  - 자재창고: 작업장 가까이
  - 공정 간 이동: 최단거리
  - 출하장: 차량 접근 용이

시흥의 한 업체는 자재 이동량을 분석한 후 창고 위치를 바꿨습니다.

- 하루 50회 이상: A구역(작업장 옆)
- 하루 20회 정도: B구역(중간 거리)
- 주 1~2회: C구역(가장 멀리)

○ 물류 설비 활용

- 지게차: 무거운 자재

- 운반차: 일상적 이동

- 파레트: 규격화된 적재

- 대차: 공정 간 이동

Key Point

"재고 관리와 물류 관리는 돈 관리입니다. 재고는 적정량을, 불량품은 즉시 분리를, 물류는 최단거리로. 이 세 가지만 지켜도 회사가 달라집니다."

■ 실전 Check-List

☐ 모든 자재에 입고일자를 표시하는가?

☐ 선입선출이 지켜지고 있는가?

☐ 불량품은 즉시 분리하는가?

☐ 적정 재고량을 파악하고 있는가?

작은 기업의 큰 꿈을 위하여

□ 물류 동선은 최적화되어 있는가?

□ 정기적인 재고 실사를 하는가?

□ 자재 기록은 매일 갱신하는가?

3-4.
설비의 생명을 연장하는 관리 기술

"설비 관리만 잘해도 비용이 절반으로 줄어듭니다."

시화공단의 한 프레스 업체 사장님의 말씀입니다. 10년간 현장을 돌아다니며 보니, 설비 관리가 잘되는 공장과 그렇지 않은 공장의 차이는 명확했습니다.

실제 이런 일이 있었습니다.

A공장은 설비 고장이 잦았습니다.
갑작스러운 설비 고장으로 납기가 지연되면서 다음과 같은 문제가 발생했습니다.

- 수리비용 과다 발생
- 품질 불안정
- 직원 스트레스 증가

반면 B공장은 달랐습니다.

  - 매일 아침 10분 점검
  - 주간 예방 정비 실시
  - 설비별 이력 관리
  - 공구 관리 체계화

1년 후 결과는?
A공장은 설비 수리로 골치를 앓는데, B공장은 설비 고장이 90% 감소했습니다.

1. 공구 보관 및 관리 시스템

"공구 찾는 데 10분, 하루에 다섯 번만 찾아도 50분이 낭비됩니다."

○ 공구 관리의 혁신: 그림자 보드

시흥의 한 업체 사례를 살펴보겠습니다.

  - 공구 크기대로 그림자 표시
  - 공구별 위치 지정
  - 없는 공구 한눈에 파악

- 보관 상태 즉시 확인

○ 공구 관리 시스템

1) 공구 분류

- 일일 사용 공구

- 주간 사용 공구

- 특수 공구

- 예비 공구

2) 공구 대장 작성

[공구 관리 카드]

- 공구명: 토크렌치

- 규격: 50N • m

- 구입일: 2024. 1. 15

- 점검 주기: 월 1회

- 담당자: 김정태

- 위치: A-2

3) 점검 체계

- 사용 전 점검

- 사용 후 점검

- 정기점검(월 1회)

작은 기업의 큰 꿈을 위하여

- 정밀점검(분기 1회)

2. 예방 정비 계획 수립

"고장 난 후 수리하면 이미 늦습니다."

○ 예방 정비의 3단계

1) 일일 점검
 - 작업 시작 전 10분 점검
 - 이상 소리/진동 체크
 - 오일/공압 레벨 확인
 - 안전장치 작동 확인

2) 주간 점검
 - 주요 부품 마모도 체크
 - 벨트 장력 확인
 - 윤활유 주입/교체
 - 볼트 조임 상태 확인

3) 월간 정비
 - 주요 부품 교체
 - 정밀 측정/조정

- 전기 계통 점검
- 유압 계통 점검

○ 비용 절감 효과
"예방 정비 비용은 고장 수리 비용의 1/3에 불과합니다."
- 돌발 고장 80% 감소
- 수리 비용 65% 절감
- 설비 수명 40% 연장
- 품질 안정성 향상

3. 설비 이력 관리

"설비도 병원 차트처럼 이력 관리가 필요합니다."

인천의 한 금속 가공 업체 사례를 들어 보겠습니다.

○ 설비별 이력카드 작성
- 설비명: CNC 밀링머신
- 모델명: VM-850
- 도입일: 2020. 5. 15
- 제조사: ○○기계

1) 정기점검 이력

- 2025. 1. 15: 1분기 정기점검
  - 스핀들 베어링 교체
  - 이송계 보정 완료
- 2025. 2. 15: 2월 정기점검
  - 윤활유 교체
  - 백래시 조정

2) 수리 이력

- 2025. 2. 5: 메인 모터 교체
  - 수리비: 280만 원
  - 작업 시간: 4시간
  - 수리 업체: △△정비

3) 개선 이력

- 2024. 8. 15: 안전커버 보강
- 2024. 9. 20: 절삭유 필터 개선

Key Point

"설비와 공구는 회사의 핵심 자산입니다. 관리할 때는 비용이 들어가는 것 같지만, 관리하지 않으면 더 큰 비용이 발생합니다. 예방이 치료보다 훨씬 경제적입니다."

■ 실전 Check-List

☐ 설비 배치는 최적화되어 있나?

☐ 공구 관리 시스템이 있는가?

☐ 예방 정비 계획이 있는가?

☐ 점검 기록을 매일 하는가?

☐ 설비 이력을 관리하고 있나?

☐ 정기점검을 실시하는가?

☐ 수리 이력을 기록하고 있나?

작은 기업의 큰 꿈을 위하여

제4장

기업의 심장

"기술은 자신 있는데, 경영은 자신이 없어요."

현장에서 가장 많이 듣는 소기업 사장님들의 고민입니다. 기술자에서 경영자가 되는 것, 쉽지 않은 일이죠.

25년간 현장을 돌아다니며 보니, 성공하는 소기업 대표님들의 공통점이 있었습니다. 바로 '돈의 흐름'을 꿰뚫고 있다는 것입니다.

실제 이런 일이 있었습니다. 시화공단의 한 기계 가공 업체는 매출이 늘수록 오히려 자금이 더 빠듯해졌습니다. 알고 보니 원인은 단순했습니다. 매출은 늘었지만 수익성은 떨어지고, 자재 재고는 쌓이고, 거래처 결제는 늦어지면서 생긴 일이었죠.

반면 인천의 어떤 프레스 업체는 매출이 크지 않아도 항상 여유자금이 있었습니다. 비결이 뭐냐고 물었더니 사장님이 이런 말씀을 하셨습니다.

"매일 아침 제일 먼저 하는 게 있습니다. 통장 잔고 확인하고, 이번 달 들어올 돈, 나갈 돈 체크하는 거예요. 돈의 흐름을 알아야 경영이 보입니다."

이번 장에서는 소기업 CEO가 반드시 알아야 할 핵심과제들을 다룹니다. 어려운 경영 이론이 아닙니다. 현장에서 직접 써먹을 수 있는 실

작은 기업의 큰 꿈을 위하여

전 노하우들입니다.

1. 매일 1% 이익 늘리기
2. 현금이 돌아야 기업이 산다
3. 위기에 강한 기업 만들기
4. 성장을 위한 청사진 그리기

이제 하나씩 자세히 살펴보도록 하겠습니다. 이론보다는 실전, 복잡한 것보다는 실용적인 내용으로 준비했습니다. 함께 시작해 보시죠.

4-1.
매일 1% 이익 늘리기

"매출은 늘어나는데 통장 잔고는 자꾸 줄어듭니다."

수원의 한 프레스 업체 사장님 말씀입니다. 기술만큼 중요한 게 돈의 흐름을 읽는 눈입니다.

1. 돈이 새는 곳을 찾아라

실제 사례를 들려드리겠습니다. 인천의 한 금속 가공 업체는 매일 바쁘게 일했지만 항상 자금이 부족했습니다. 원인을 찾아보니 다음과 같았습니다.

○ 문제점 발견
  - 단가 높은 거래처보다 낮은 거래처에 더 많은 시간 투자
  - 자재 재고는 계속 쌓이는데 현금은 부족
  - 무리한 납기로 야근수당 과다 발생
  - 불량 처리 비용 증가

작은 기업의 큰 꿈을 위하여

결국 거래처별 수익성을 분석하고, 수익률이 낮은 거래처는 과감히 정리했습니다. 매출은 30% 줄었지만 수익은 오히려 늘었습니다.

2. 수익을 높이는 현장 비법

○ 거래처 분석하기

"매출 크다고 다 좋은 게 아닙니다."

　- 단가가 적정한가?

　- 불량 발생이 많은가?

　- 대금 결제는 제때 하는가?

　- 특별한 요구사항이 많은가?

3. 원가 계산의 기술

"원가를 모르면 적정 단가를 알 수 없습니다."

시화공단의 한 업체는 이렇게 원가를 계산합니다.

○ 제품 원가 구성

1) 재료비

　- 자재 단가

　- 로스율 고려(보통 5~10% 추가)

　- 부자재 비용

- 운반비 포함

2) 인건비
- 직접 작업 시간
- 준비 시간
- 잔업/특근 수당
- 간접 인건비

3) 경비
- 전기료
- 공구비
- 소모품비
- 감가상각비

4. 수익 개선의 실전 전략

○ 손실 줄이기

"작은 구멍 때문에 큰 배가 침몰합니다."

시흥의 한 업체 사례를 살펴보겠습니다.

작은 기업의 큰 꿈을 위하여

1) 자재 로스 관리

- 재단 방법 개선으로 20% 절감
- 자투리 자재 활용 방안 수립
- 불량 자재 즉시 반품
- 보관 방법 개선으로 변형 방지

2) 불량 비용 절감

- 초기 품질 관리 강화
- 작업 표준화로 실수 방지
- 검사 공정 보완
- 작업자 교육 강화

3) 시간 관리

- 준비 시간 단축
- 단순 작업 자동화
- 공정 흐름 개선
- 작업 순서 최적화

○ 수익 늘리기
"기술력이 단가를 높입니다."

다음으로 부천의 한 업체 성공 사례를 알아봅시다.

1) 기술력 향상

  - 고난도 가공 기술 확보

  - 특수 공정 개발

  - 품질 인증 획득

  - 설비 현대화

2) 거래처 다변화

  - 수익성 높은 거래처 발굴

  - 특화 제품 개발

  - 견적 방식 개선

  - 단가 협상력 강화

Key Point

"매출보다 수익이 중요합니다. 바쁘기만 하고 돈이 남지 않는다면 뭔가 잘못된 것입니다. 수익성 분석과 원가 관리만 제대로 해도 회사가 달라집니다."

■ 실전 Check-List

☐ 제품별 수익성을 알고 있는가?

☐ 정확한 원가 계산을 하고 있는가?

☐ 손실 요인을 파악하고 있는가?

☐ 일일 생산성을 체크하는가?

작은 기업의 큰 꿈을 위하여

□ 거래처별 수익성을 분석하는가?

□ 개선 계획이 있는가?

□ 정기적인 점검을 하고 있는가?

4-2.
현금이 돌아야 기업이 산다

"사업이 잘되는데 왜 자꾸 돈이 모자라죠?"

현장에서 자주 듣는 질문입니다. 매출은 늘어나는데 통장은 자꾸 마이너스로 가고, 대금 결제일은 다가오는데 받을 돈은 안 들어오고….

실제 사례를 들려드리겠습니다. 부천의 한 금속 가공 업체는 매출이 크게 늘었는데도 부도 위기를 겪었습니다. 알고 보니 원인이 다음과 같았습니다.

○ 늘어난 물량만큼 자재 구매 비용 증가
○ 거래처 결제는 3개월 전자어음인데
○ 자재상 결제는 현금으로 해야 하고
○ 직원 급여는 매달 줘야 하고…

결국 매출은 늘었지만 현금은 오히려 부족해진 겁니다.

작은 기업의 큰 꿈을 위하여

1. 현금 관리의 기술

○ 매일 체크할 것: 매일 아침
  - 통장 잔고
  - 오늘 들어올 돈
  - 오늘 나갈 돈

○ 주간 체크 사항: 매주 금요일
  - 다음 주 결제할 돈
  - 받을 예정인 돈
  - 급여 지급 계획
  - 자재 구매 계획

2. 자금 흐름 관리

○ 월간 자금 계획
1) 고정적으로 나가는 돈
  - 직원 급여
  - 4대 보험료
  - 관리비/공과금
  - 대출 이자

2) 변동 지출 항목

- 자재 구매비
- 외주 가공비
- 운송비
- 수선비

3. 위험 신호 감지하기

○ 자금 위험 신호
"이런 징후가 보이면 즉시 대책을 세우세요."

시화공단의 한 업체 사례
- 통장 잔고가 계속 줄어듦
- 매출은 늘어도 현금이 부족
- 결제일 연기 요청 증가
- 직원 급여 지급이 빠듯함

○ 대응 방법
1) 즉시 할 일

- 전체 채권/채무 현황 파악
- 긴급 회수 가능한 미수금 확인
- 지출 항목 우선순위 조정

작은 기업의 큰 꿈을 위하여

- 거래처와 결제 일정 협의

2) 단기 대책
- 불요불급한 지출 중단
- 재고자산 현금화 검토
- 단기 차입 방안 검토
- 미수금 회수 독려

4. 월간 손익결산: 반드시 챙겨야 할 3가지

"대표는 반드시 손익을 따져야 합니다."

25년간 현장에서 보니, 성공하는 공장 사장님들의 공통점이 있습니다. 바로 매월 꼼꼼하게 손익을 챙긴다는 것입니다. 그동안 경험한 손익결산을 쉽게 확인하는 방법을 정리합니다.

○ 매출과 매입(세금계산서 기준)
기업의 매출 신장률은 중요합니다.
- 매출과 매입은 매월 세금계산서 발행분을 기초하여
  - 매출액(상품, 제품, 용역)
  - 매입액(자재 구매, 외주비 등)
  - 매출액과 매입액의 차이
- 부가세 계산을 정리하면 자동으로 부가세(VAT) 부가율을 확인할

수 있다.

○ 수입과 지출(통장 기준)

- 【수입】은 3가지로 요약된다.

  - 매출수입(통장, 카드, 현금)
  - 대출금: 부족분 대출금으로 입금
  - 가수금: 대표 개인자금 편입

- 수입합계: 이 3가지로 입금된 수입으로 다음과 같이 지출된다.

- 【지출】은 간단하게 정리하면 13가지로 요약, 정리할 수 있다.

  - 외상매입금
  - 카드 지출
  - 급여(관리)
  - 급여(생산)
  - 급여(일용)
  - 4대 보험료
  - 식대
  - 통신비
  - 리스, 임차료
  - 대출이자
  - 수수료, 세금
  - 대표 가지급금

작은 기업의 큰 꿈을 위하여

- 전도금
- 기타 지출
- 지출합계: 수입합계와 지출합계를 통해 손익을 결산하면 쉽게 실제 수익을 알 수 있다

○ 자산과 부채결산

자산과 부채는 회사의 재무 상태를 표시하는 매우 중요한 관리 포인트입니다.

- 【자산】
  - 외상매출금
  - 고정자산(부동산, 기계장치, 설비, 비품)
  - 재고자산
  - 금월 매입자산
  - 적금
- 자산합계

- 【부채】
  - 장기차입금
  - 단기차입금
  - 미지급금
  - 외상매입금

- 부채합계: 최소한 자산과 부채항목을 결산을 통해 대표가 확인할 필요가 있다.

〈참고양식〉

첨부: 월간 손익결산 및 재무상태표

엑셀을 이용하여 아주 간단히 실제 손익을 체크할 수 있는 양식입니다. 매월 말일 마감 후 익월 11일 손익결산을 꼭 해 보시기 바랍니다.

작은 기업의 큰 꿈을 위하여

월간 손익결산 및 재무상태표

월별손익 및 재무상태표							
항 목		1월	2월	~	11월	12월	계
매출계산서	실제매출						
	예상매출						
	소 계						
매입계산서	실제매입						
	예상매입						
	소 계						
매입부가율	%						
수 입	매출수입						
	대 출						
	대표가수금						
	소 계						
지 출	외상매입금						
	법인카드						
	급여(관리)						
	급여(생산)						
	급여(일용)						
	4대보험료						
	식 대						
	통 신 비						
	리스,임차료						
	대출이자						
	수수료,세금						
	대표가지급						
	전도금						
	기타지출						
	소 계						
월손익 계	-						

전월이월	-						
누적손익 계	-						
자 산	고정자산						
	재고자산						
	매입자산						
	감가삼각비						
	적 금						
	외상매출						
	소 계						
부 채	장기차입금						
	단기차입금						
	미지급금						
	소 계						
재무상태	손익현황						

작은 기업의 큰 꿈을 위하여

"재무 관리의 핵심은 '현금흐름'입니다. 매출이나 이익보다 더 중요한 것이 현금입니다. 아무리 사업이 잘돼도 현금이 부족하면 부도가 납니다.

특히 성장기에는 더 많은 현금이 필요합니다. 매출이 늘면 자재 구매 비용, 인건비도 함께 늘어나기 때문입니다. 여유자금 확보가 무엇보다 중요합니다.

결제 조건도 잘 살펴야 합니다. 받을 돈은 나중인데 줄 돈은 당장 필요하다면, 그 차이를 메울 현금이 필요합니다. 이것이 바로 운전자금입니다.

또한 손익결산은 회사 건강검진과 같습니다. 매월 10일까지는 반드시 전월 실적을 확인하세요. 수입과 지출의 차이, 자산과 부채의 균형을 꼭 체크하시기 바랍니다. 이것이 회사의 미래를 결정합니다."

■ 실전 Check-List

☐ 매일 통장 잔고를 확인하는가?

☐ 주간 자금계획을 세우는가?

☐ 용도별 통장 관리를 하는가?

☐ 미수금 관리를 하고 있는가?

☐ 비상금은 확보되어 있는가?

☐ 월간 재무현황을 분석하는가?

☐ 자금 조달 계획이 있는가?

4-3.
위기에 강한 기업 만들기

"사업이 잘될 때가 가장 위험합니다."

수원의 한 금속 가공 업체 사장님 말씀입니다. 25년 넘게 현장을 보면서 깨달은 진실입니다.

리스크는 어디서 올까요?

실제 사례를 들려드리겠습니다.

인천의 한 프레스 업체는 대기업 물량을 많이 받게 되어 기뻐했습니다. 설비 투자도 하고 직원도 늘렸죠.

하지만 6개월 후,

    ○ 거래처가 갑자기 단가 인하 요구

    ○ 은행 이자는 매달 나가는데

    ○ 원자재 가격은 올라가고

    ○ 인건비 부담은 늘어나고….

작은 기업의 큰 꿈을 위하여

결국 회사가 어려워졌습니다.

1. 주요 리스크 관리 포인트

○ 거래처 리스크

"한 거래처에 너무 의존하지 마세요."

 - 매출 비중 50% 넘지 않기

 - 거래처 신용도 확인

 - 대금 결제 조건 확인

 - 긴급상황 대비책 마련

○ 자금 리스크

"현금이 생명입니다."

 - 여유자금 3개월치 확보

 - 신규 투자는 신중하게

 - 대출금 상환계획 명확히

 - 운전자금 관리 철저히

○ 설비 리스크

"기계가 멈추면 회사가 멈춥니다."

 - 정기 예방정비 실시

 - 핵심부품 재고 확보

- 설비별 담당자 지정
- 고장 대응 매뉴얼 구비

○ 인력 리스크

"핵심 기술자가 떠나면 큰일입니다."

- 기술 전수 시스템 구축

- 적정 급여 수준 유지

- 작업 매뉴얼 문서화

- 대체 인력 양성

2. 위기 대응 시스템

○ 조기 경보 체크: 매일 확인할 것

- 통장 잔고

- 결제 예정액

- 설비 상태

- 불량률 변화

○ 월간 체크

- 거래처별 수익성

- 자금 흐름 예측

- 인력 운영 상태

작은 기업의 큰 꿈을 위하여

- 시장 동향 파악

○ 위기 대응 계획
 - 긴급 자금 조달처 확보
 - 인력 조정 계획 수립
 - 비용 절감 방안 준비
 - 거래처 다변화 추진

Key Point

"리스크 관리는 평소에 준비하는 것입니다. 문제가 생긴 후에는 이미 늦습니다. 좋을 때 위험을 대비하고, 나쁠 때를 준비하세요. 이것이 기업을 오래 경영하는 비결입니다."

■ 실전 Check-List

☐ 거래처별 위험도 평가했나?

☐ 여유자금은 충분한가?

☐ 설비 관리가 잘되고 있나?

☐ 핵심 인력 관리 계획이 있나?

☐ 비상 연락망이 준비되어 있나?

☐ 위기 대응 매뉴얼이 있나?

☐ 시장 동향을 파악하고 있나?

4-4.
성장을 위한 청사진 그리기

"내일 뭐 할지도 모르는데 무슨 계획을 세워요?"

"바쁘게 돌아가는 현장에서 계획 세울 시간이 어디 있어요?"

현장에서 자주 듣는 말입니다. 25년 전, 저도 그랬습니다. 당장 눈앞의 일만 쫓아가기도 바빴으니까요. 계획은 큰 회사나 하는 것이라 생각했습니다.

하지만 어느 날, 충격적인 경험을 했습니다. 시화공단의 한 작은 공장을 방문했을 때였죠. 직원이 10명도 안 되는 조그만 공장이었는데, 사장님 책상에 '5개년 계획'이 있었습니다.

"이렇게 작은 공장에 무슨 5년 계획이냐"고 물었더니, 사장님이 이런 말씀을 하셨습니다.

"배를 타고 바다에 나가 보셨나요? 목적지도 없이, 지도도 없이 바다에 나가면 어떻게 될까요? 표류하다가 난파되겠죠. 사업도 마찬가집니다. 계획이 없으면 그냥 떠다니다가 침몰하는 겁니다."

그 말씀이 가슴에 와닿았습니다. 돌아와서 바로 실천했죠. 처음엔 서툴렀습니다. 계획대로 안 되는 일도 많았고, 수정하고 바꾸기를 반복했습니다.

하지만 1년만 지나도 달라지는 게 보였습니다.

○ 어디로 가는지 방향이 보였습니다.
○ 무엇이 부족한지 알게 됐습니다.
○ 직원들과 목표를 공유할 수 있었습니다.
○ 거래처에서도 신뢰를 보내기 시작했습니다.

이제는 매년 초, 직원들과 함께 앉아 사업계획을 세웁니다. 거창할 필요 없습니다. 우리 회사의 현재 모습을 진단하고, 1년 후에는 어떤 모습이 되고 싶은지, 그러기 위해서 무엇을 해야 하는지… 이런 것들을 하나씩 정리하는 겁니다.

이 장에서는 소기업 업체에 꼭 맞는 사업계획 수립 방법을 알려 드리려고 합니다. 복잡한 이론이 아닙니다. 현장에서 바로 쓸 수 있는 실용적인 방법들입니다.

1. 사업계획의 의미

사업계획서는 두 가지 역할을 합니다.

○ 기업 경영의 문서화된 설계도

○ 기업의 수익을 만들기 위한 일정표

2. 문서화된 설계도

○ 경영목표 설정(5개 이하로) "예시"입니다

 - 기술영업 활성화(매출 70억 달성)

 - 내부역량 강화 및 시스템 구축

 - 제조시스템 구축 및 원가 절감

 - 투자 유치 및 응용제품 개발

○ 세부목표

 - 단계별 목표 설정

○ 실행 방법

 - 구체적 방법

○ 추진 일정, 담당자

 - 추진 일정 및 담당자 표시

○ 소요예산

 - 고정비를 제외한 신규로 투자되는 예산

작은 기업의 큰 꿈을 위하여

○ 평가지표

- 목표 달성 여부를 판단할 수 있는 기준이나 부산물

간단한 문서화된 설계도 구성요소

3. 계획 수립 시 핵심 고려사항

○ 목표는 단순하게

 - 5개 이하로 설정

 - 실천 가능한 수준으로

 - 측정 가능한 지표로

○ 표현은 명확하게
 - 간단한 용어 사용
 - 구체적인 숫자 제시
 - 이해하기 쉽게 작성

○ 내용은 현실적으로
 - 시장 상황 반영
 - 회사 역량 고려
 - 실현 가능한 계획

○ 공유와 소통 강화
 - 직원들과 목표 공유
 - 정기적인 점검 회의
 - 피드백 수렴 및 반영

〈참고양식〉

첨부: 사업계획서 세부양식

첨부된 양식을 활용하여 경영목표를 세우고 목표 달성을 위한 구체적인 세부목표 및 그 방법을 활동계획에 작성해 보세요.

작은 기업의 큰 꿈을 위하여

사업계획서 세부양식

1. 목표						

순서	세부목표	세부 활동 계획	추진일정	성과지표	달성여부	소요비용 (만원)
1-1						
1-2						
1-3						
소 계						

4. 연간 수입, 지출 예산서(추정 손익계산서)

○ 예상 매출액 및 매입액

○ 예상 수입 및 지출액

○ 추정 손익계산서

연간 자금 활용을 어떻게 할 건지, 부족한 자금 확보는 어떻게 할 건지 추정 손익을 사전에 검토해 보세요.

〈참고양식〉

첨부: 추정 손익계산서

작은 기업의 큰 꿈을 위하여

추정 손익결산서							
구 분		1월	2월	~	11월	12월	계
예상 매출이익	예상매출						
	예상매입						
	이익율						
예상수입	매출이익						
	대 출						
	소 계						
예상지출	신규투자비						
	적 금						
	법인카드						
	급여(관리)						
	급여(생산)						
	급여(일용)						
	4대보험료						
	식 대						
	통 신 비						
	리스,임차료						
	대출이자						
	수수료,세금						
	대표가지급						
	기타지출						
	소 계						
월손익 계	-						
전월이월	-						
누적손익 계	-						

"사업 계획은 회사의 미래를 그리는 지도입니다. 복잡하게 할 필요 없습니다. 실천 가능한 목표를 세우고, 직원들과 공유하며, 꾸준히 점검하는 것이 핵심입니다. 계획은 상황에 따라 수정될 수 있지만, 한번 세운 목표는 책임감 있게 추진해야 합니다."

■ 실전 Check-List

☐ 목표가 5개 이하로 단순한가?

☐ 실천 가능한 계획인가?

☐ 구체적인 숫자가 있는가?

☐ 담당자가 지정되었는가?

☐ 예산이 현실적인가?

☐ 일정이 구체적인가?

☐ 직원들과 공유했는가?

제5장

함께 성장하는 지혜

"혼자 하면 힘들지만, 함께하면 쉽습니다."

25년간 현장에서 보니, 성공하는 소기업 사장님들의 공통점이 있었습니다. 바로 '필요할 때 도움을 요청할 줄 아는 것'입니다.

실제 이런 일이 있었습니다. 시화공단의 한 금속 가공 업체는 설비 투자가 필요했지만 자금이 부족했습니다. 고민하다가 기술 닥터를 만났고, 정부지원사업을 통해 새 설비를 들여놓을 수 있었습니다. 지금은 매출이 2배로 늘었답니다.

반면 이런 업체도 있습니다. '나 혼자 다 할 수 있어'라고 생각하다가 결국 무리한 투자로 어려움을 겪은 곳도 봤습니다.

소기업에게 도움이 되는 정부지원제도는 많습니다.
○ 정책 자금 지원
○ 기술 개발 지원
○ 맞춤형 컨설팅 지원
○ 판로 개척 지원
○ 작업환경 개선 지원
○ 인력 양성 지원

협력 네트워크도 중요합니다.
○ 같은 업종 소기업들과의 교류

작은 기업의 큰 꿈을 위하여

○ 대학/연구소와의 협력

○ 지원기관과의 연계

○ 전문가 그룹과의 협력

이번 장에서는 여러분 곁에 있는 든든한 지원군들을 소개하고, 이를 활용하는 구체적인 방법을 알려 드리려고 합니다. 복잡한 절차나 어려운 용어는 빼고, 현장에서 바로 써먹을 수 있는 실용적인 내용으로 준비했습니다.

1. 정부지원금 100% 활용법

2. 상생의 파트너십 구축

3. 작은 기업의 힘 모으기

4. 대학과 손잡고 미래 열기

"작은 공장도 세상과 연결되면 큰 기업이 됩니다."

이제 함께 그 방법을 알아보시죠.

5-1.
정부지원금 100% 활용법

"지원사업은 복잡하고 어려워서 엄두가 안 나요."

현장에서 자주 듣는 말입니다. 하지만 알면 알수록 우리 회사를 성장시키는 좋은 기회가 됩니다.

1. 정부지원의 종류

○ 창업지원 제도
○ 정책자금지원 제도
○ 기술 및 R&D 지원제도
○ 판로 및 수출 지원제도
○ 인력 지원제도

2. 우선 지원받을 수 있는 공통조건

○ 벤처기업/기술혁신형 기업

작은 기업의 큰 꿈을 위하여

○ 연구소/연구전담부서 보유

○ 특허/실용신안 보유

○ 품질인증 보유

○ 정부 R&D 수행실적

정부지원제도를 우선 지원받을 수 있는 공통조건을 사전에 점검하여 시스템을 구축해 보시기 바랍니다.

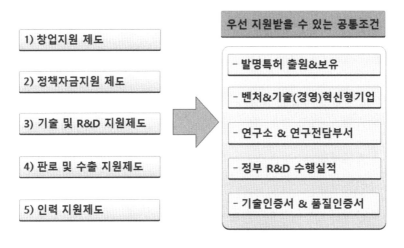

우선 지원받을 수 있는 자격요건

3. 단계별 활용 방법

○ **1단계: 정보 수집**

[핵심 정보처]

 - 기업마당(bizinfo.go.kr)

 - 중소기업진흥공단

 - 지역 테크노파크

 - 소상공인시장진흥공단

 - 통산진흥원(경제과학진흥원, 산업진흥원)

 - 지자체 기업지원과

○ **2단계: 준비사항 점검**

 - 사업자등록증

 - 재무제표

 - 인증서류

 - 신청서 및 기술 개발 계획

 - 4대 보험 가입자 명부

○ **3단계: 신청 및 실행**

 - 공고문 꼼꼼히 확인

 - 제출서류 완벽 준비

 - 사업계획서 충실 작성

작은 기업의 큰 꿈을 위하여

- 기한 엄수

- 실행계획 구체화

○ **4단계: 성공적인 활용 비결**

1) 정보 수집

 - 매일 지원사업 공고 확인

 - 담당자 1명 지정 운영

 - 관련 기관 정기적 방문

 - 협회/단체 가입 활동

2) 네트워크 구축

 - 지방중소벤처기업청

 - 중소기업진흥공단

 - 소상공인시장진흥공단

 - 기술보증기금

 - 신용보증기금

 - 지자체 산업진흥원

3) 사후 관리

 - 선정 시: 감사 인사와 성실한 실행

 - 탈락 시: 원인 분석과 재도전 준비

 - 주기적인 경과 보고

- 성과 관리 철저

Key Point

"정부지원제도는 막연히 어렵게 생각할 것이 아닙니다. 우리 회사에 꼭 맞는 지원사업을 찾아 단계적으로 준비하고 실행하면 됩니다. 가장 중요한 것은 정보를 놓치지 않는 것과 꾸준한 관리입니다."

■ 실전 Check-List

☐ 우리 회사에 필요한 지원분야를 파악했나?

☐ 자격요건을 확인했나?

☐ 정보 수집 담당자가 있는가?

☐ 필요 서류는 준비되어 있나?

☐ 사업계획서 작성 능력이 있나?

☐ 관련 기관과 네트워크가 있나?

☐ 정기적인 정보 확인을 하고 있나?

작은 기업의 큰 꿈을 위하여

5-2.
상생의 파트너십 구축

"혼자 가면 빨리 갈 수 있지만, 함께 가면 멀리 갈 수 있습니다."

25년간 현장에서 보니, 성공하는 소기업들의 공통점은 탄탄한 네트워크를 가지고 있다는 것입니다.

1. 네트워크의 4대 원칙(CARE)

○ **배려(Care)**
  - 상대방의 성공을 먼저 생각하기
  - 서로 도움이 되는 관계 만들기
  - 일방적인 요구보다는 상호 이해

○ **실천(Action)**
  - 배운 것을 즉시 실행하기
  - 약속한 것은 반드시 지키기
  - 구체적인 행동으로 보여 주기

○ 존중(Respect)

 - 시간 약속 엄수하기

 - 상대방의 의견 경청하기

 - 서로의 전문성 인정하기

○ 교류(Exchange)

 - 가치 있는 정보 공유하기

 - 서로의 강점 활용하기

 - 윈윈(Win-Win) 관계 구축

네트워크의 4대 원칙

작은 기업의 큰 꿈을 위하여

2. 필수 네트워크 대상

○ 정부/지원기관
 - 지방 중소벤처기업청
 - 중소기업진흥공단
 - 소상공인시장진흥공단
 - 기술보증기금
 - 신용보증기금
 - 지자체 기업지원과

○ 산업지원기관
 - 테크노파크
 - 산업진흥원
 - 경제과학진흥원
 - 지역 상공회의소

3. 네트워크 구축 방법

○ 첫 만남의 기술
 - 명함 교환 후 감사 이메일 발송
 - 다음 만남 약속 잡기
 - 상대방의 니즈 파악하기

○ 관계 유지하기

 - 정기적인 연락 취하기

 - 도움이 될 만한 정보 공유

 - 행사나 모임에 참석하기

 - 어려움이 있을 때 먼저 연락하기

○ 신뢰 쌓기

 - 약속한 것은 반드시 실천

 - 어려운 부탁은 정중히 거절

 - 받은 도움은 반드시 보답

 - 장기적인 관점에서 접근

Key Point

"협력 네트워크는 단순한 인맥 관리가 아닙니다. 서로 성장하고 발전하는 파트너십을 만드는 것입니다. 시간과 정성을 들여 신뢰를 쌓아가는 것이 핵심입니다."

■ **실전 Check-List**

☐ 지역 지원기관 담당자를 알고 있나?

☐ 정기적으로 연락하고 있나?

☐ 도움 받은 것을 기록하고 있나?

☐ 받은 명함을 정리하고 있나?

□ 상대방의 니즈를 파악했나?

□ 정기 모임에 참석하고 있나?

□ 유용한 정보를 공유하고 있나?

5-3.
작은 기업의 힘 모으기

"모든 것을 혼자 하려고 하지 마세요. 필요할 때 외부 자원을 활용하는 것도 경영자의 능력입니다."

25년간 현장에서 보니, 성공하는 소기업들은 외부 자원을 효과적으로 활용했습니다.

1. 외부 전문가 활용하기

○ 기술 닥터 제도
 - 현장의 기술적 문제 상담
 - 공정 개선 자문
 - 신기술 도입 검토
 - 품질 향상 방안 자문

작은 기업의 큰 꿈을 위하여

○ 경영지원단
 - 세무/회계 상담
 - 노무 관리
 - 법률 자문
 - 마케팅 전략

2. 연구기관 활용

○ 대학 연구소
 - 신기술 개발 협력
 - 시험분석 의뢰
 - 장비 활용
 - 기술 자문

○ 국공립연구소
 - 공동연구 진행
 - 기술이전 상담
 - 시험인증 의뢰
 - 기술정보 획득

3. 지원시설 활용

○ 소공인특화지원센터
 - 공용장비 대여
 - 교육훈련
 - 비즈니스 공간
 - 네트워크 행사

○ 테크노파크
 - 시제품 제작실
 - 측정/분석실
 - 교육장
 - 회의실

4. 온라인 자원 활용

○ 정보 포털
 - 기업마당(bizinfo.go.kr)
 - 테크노넷(technet.kr)
 - 특허정보넷(kipris.or.kr)
 - 중소기업 기술개발사업 종합관리시스템(smtech.go.kr)

작은 기업의 큰 꿈을 위하여

5. 교육 플랫폼

○ 활용 가능 사이트
 - 중소기업연수원
 - 소상공인 아카데미
 - K-스타트업
 - 기술보증기금 교육플랫폼

Key Point

외부 자원 활용은 비용 절감과 전문성 확보의 기회입니다. 하지만 무조건적인 의존은 위험합니다. 우리 회사의 핵심역량은 지키면서, 보완이 필요한 부분을 외부 자원으로 채우는 것이 핵심입니다.

■ 실전 Check-List

□ 우리 회사에 필요한 외부 자원을 파악했나?

□ 활용 가능한 지원제도를 알아봤나?

□ 비용 대비 효과를 검토했나?

□ 계약 조건을 꼼꼼히 확인했나?

□ 보안 관련 대책이 있나?

□ 성과 측정 방법이 있나?

□ 사후 관리 계획이 있나?

5-4.
대학과 손잡고 미래 열기

"대학과의 협력이 어렵고 복잡하다고요? 실제로는 생각보다 쉽고 효과적입니다."

25년간 현장에서 보니, 산학협력을 잘 활용한 소기업들이 기술력과 경쟁력에서 한 단계 도약했습니다.

1. 산학협력의 실질적 혜택

○ 인력 확보
 - 현장실습생 운영
 - 졸업예정자 채용연계
 - 재학생 아르바이트
 - 교수의 기술자문

○ 활용 팁
 - 학교 취업지원센터 활용

작은 기업의 큰 꿈을 위하여

- 학과 교수님과 친분 쌓기
- 실습생 교육프로그램 준비

○ 기술 개발
- 신제품 공동 개발
- 기존 제품 개선
- 공정 자동화 연구
- 품질 향상 연구

2. 협력 방법

○ 1단계: 첫 접촉
- 우리 회사 소개자료
- 구체적인 협력 희망분야
- 예상 소요예산
- 기대효과

○ 2단계: 협력체계 구축
- MOU 체결
- 세부 협력계획 수립
- 담당자 지정
- 정기 미팅 일정

○ 3단계: 실행과 관리

 - 월간 진도 점검

 - 문제점 조기 발견

 - 성과 측정

 - 피드백 반영

3. 산학협력 프로그램

○ 정부지원사업

 - R&D 자금 지원

 - 인력 지원

 - 장비 활용

 - 기술이전

○ 대학 자체 프로그램

 - 캡스톤 디자인

 - 현장실습

 - 기술컨설팅

 - 공동연구

작은 기업의 큰 꿈을 위하여

4. 성공적인 산학협력 비결

○ 명확한 목표 설정
 - 구체적인 개선포인트
 - 측정 가능한 목표
 - 달성 가능한 수준
 - 시간계획 수립
 - 지속적인 관리

○ 체크포인트
 - 주간 진도 확인
 - 월간 성과 측정
 - 분기별 방향 점검
 - 연간 성과 평가

○ 인간관계 관리
 - 담당 교수와 정기적 소통
 - 학생들과 좋은 관계 유지
 - 학교 행사 참여
 - 감사의 마음 표현

산학협력은 단순한 기술지원을 넘어 회사의 미래 인재 확보와 기술력 향상의 기회입니다. 처음엔 작은 것부터 시작하여 점차 확대해 나가는 것이 좋습니다.

■ 실전 Check-List

☐ 우리 회사에 필요한 기술분야를 정했나?

☐ 적합한 협력 대학을 찾았나?

☐ 구체적인 협력 계획이 있나?

☐ 예산 계획은 세웠나?

☐ 담당자가 지정되어 있나?

☐ 정기적인 소통 채널이 있나?

☐ 성과 측정 방법을 정했나?

제6장

시장을 사로잡는 전략

"기술은 자신 있는데, 마케팅은 자신이 없어요."

25년간 현장을 돌아다니며 가장 많이 들었던 소기업 사장님들의 고민입니다. 현장에서 기술자로 시작해 대표가 된 분들의 공통된 이야기입니다. 뛰어난 기술력을 가지고 있지만, 마케팅과 영업이라는 새로운 도전 앞에서 많은 분들이 어려움을 겪고 계십니다.

저도 그랬습니다. 처음 창업했을 때는 '기술만 좋으면 고객이 알아서 찾아올 거야'라고 생각했습니다. 하지만 현실은 달랐습니다. 아무리 뛰어난 기술을 가진 회사도 마케팅과 영업 없이는 성장하기 어렵다는 것을 뼈저리게 깨달았습니다.

실제 이런 일이 있었습니다.

시화공단의 한 금형 업체를 방문했을 때입니다. 30년 경력의 베테랑 기술자인 사장님은 최고의 기술력을 자랑했습니다. 다른 업체가 엄두도 못 내는 고난도 금형을 척척 만들어 내는 실력자였죠. 하지만 늘 같은 거래처에만 의존하고 있었습니다.

"우리 기술력이면 충분하지 않나? 영업이나 마케팅에 시간 낭비할 필요 없어."

그러다 어느 날, 그 거래처가 해외로 공장을 옮기면서 매출이 급감했

작은 기업의 큰 꿈을 위하여

습니다. 뒤늦게 새로운 거래처를 찾아 나섰지만, 아무도 검증되지 않은 회사의 기술력을 믿으려 하지 않았습니다.

반면, 부천의 한 프레스 업체는 달랐습니다. 기술력은 평범했지만 사장님의 영업 전략이 남달랐습니다. 매달 한 번씩 거래처를 방문해서 애로사항을 듣고, 간단한 홈페이지도 만들어서 회사를 소개했으며, 틈틈이 전시회도 참가했습니다.

"처음에는 다들 비웃었어요. '그런 거 할 시간에 기계나 돌리지'라고요. 1년 동안은 아무 효과도 없었죠. 하지만 2년째부터 조금씩 변화가 생기더니, 3년이 지나자 상황이 완전히 달라졌습니다."

그 결과는 놀라웠습니다.

○ 거래처가 3배로 증가
○ 매출액 2배 이상 성장
○ 거래처 의존도 분산
○ 브랜드 인지도 상승

"고객이 찾아오기를 기다리지 마세요. 우리가 먼저 찾아가야 합니다."
부천 프레스 업체 사장님의 말씀이 아직도 귓가에 생생합니다.
마케팅과 영업이 어렵게 느껴지시나요? 거창하게 생각하지 마세요.

현장에서 보면 성공하는 소기업들의 마케팅은 생각보다 단순합니다.

실제로 인천의 한 부품 가공 업체는 이렇게 시작했습니다.

○ 매주 금요일 오후, 주요 거래처에 전화 한 통
○ 분기마다 한 번씩 직접 방문
○ 연말에 감사 인사와 작은 선물
○ 문제가 생기면 즉시 보고하고 해결책 제시

"처음에는 번거롭고 쑥스러웠어요. 하지만 이런 작은 관심들이 쌓이면서 신뢰가 생겼고, 그 신뢰가 새로운 거래로 이어졌습니다."

시화공단의 다른 업체는 이런 방법을 택했습니다.

○ 카카오톡 채널로 회사 소개
○ 스마트폰으로 작업 현장 동영상 촬영
○ 네이버 스마트플레이스 무료 등록
○ 월 1회 뉴스레터 발송

"디지털 마케팅이라고 해서 거창한 게 아닙니다. 스마트폰 하나로도 충분히 시작할 수 있어요."

이번 장에서는 이런 현실적인 마케팅과 영업 전략을 소개하려고 합니다. 크게 네 가지 영역으로 나누어 살펴보겠습니다.

1. 단골 고객 만들기의 비밀

단순한 거래처가 아닌, 평생 고객을 만드는 법

○ 신뢰 관계 구축하기

○ 불만 처리를 기회로 만들기

○ 소통 채널 만들기

○ 피드백 활용하기

2. 매출을 두 배로 늘리는 영업 비법

기술자 출신도 잘할 수 있는 영업 노하우

○ 기술 영업의 핵심 포인트

○ 견적 및 제안서 작성법

○ 거래처 발굴 방법

○ 협상 기술

3. 디지털 시대의 생존 전략

비용 들이지 않고 시작하는 방법

○ 무료 홈페이지 만들기

○ SNS 활용하기

○ 온라인 홍보 전략

○ 고객 후기 관리

4. 작지만 강한 브랜드 키우기

작은 기업도 브랜드가 필요한 시대

○ 브랜드 가치 높이기

○ 신뢰도 구축하기

○ 차별화 전략

○ 평판 관리

"가장 좋은 마케팅은 고객의 성공을 돕는 것입니다."

25년간의 현장 경험이 증명하는 진실입니다. 이제 그 구체적인 방법
을 하나씩 알아보도록 하겠습니다.

6-1.
단골 고객 만들기의 비밀

"단순한 거래처가 아닌, 평생 고객으로 만들어야 합니다."

시화공단의 한 금형 업체 사장님의 말씀입니다. 이 업체는 20년 넘게 같은 거래처와 거래를 이어 오고 있습니다. 비결이 무엇일까요?

현장에서 보니 성공한 소기업들의 고객 관리에는 특별한 공통점이 있었습니다.

실제 사례를 들려드리겠습니다.

부천의 한 프레스 업체는 매일 이런 일을 합니다.

○ 아침에 할 일
 - 오늘 납품할 거래처 확인
 - 지난주 납품한 제품 불량 여부 체크
 - 결제 예정인 거래처 리스트 확인
 - 신규 문의 거래처 응대 준비

"매일 아침 30분이면 충분합니다. 이렇게 체크하고 시작하면 실수도 줄고 거래처 신뢰도 높아집니다."

인천의 금속 가공 업체는 이런 시스템을 만들었습니다.

○ 거래처별 관리카드 작성
 - 기본 정보: 업체명, 주소, 연락처
 - 주요 담당자: 직위, 이름, 연락처
 - 거래 이력: 주문내역, 단가, 납기
 - 특이사항: 품질 요구사항, 주의점
 - 사후 관리: 클레임 처리, 개선사항

"처음에는 번거로웠지만, 이제는 이 관리카드가 회사의 가장 큰 자산이 되었습니다."

체계적인 고객 관리를 위한 실천 방안을 구체적으로 살펴보겠습니다.

1. 신규 거래처 관리

안산의 한 프레스 업체는 첫 거래부터 이렇게 관리합니다.

○ 첫 미팅 준비물
 - 회사 소개 자료
 - 주요 설비 목록
 - 주요 거래처 리스트
 - 품질인증서 사본
 - 견적 시뮬레이션 자료

"첫인상이 중요합니다. 작은 회사라도 준비된 모습을 보여 주면 신뢰도가 높아집니다."

○ 견적 및 샘플 단계
 - 정확한 요구사항 파악
 - 철저한 원가 분석
 - 적정 마진 설정
 - 납기 여유 확보
 - 샘플 품질 관리

시흥의 한 업체 사장님은 이렇게 말씀하십니다.
"견적가가 비싸도 괜찮습니다. 하지만 한번 제시한 견적은 반드시 지켜야 합니다. 신뢰가 무너지면 다시 회복하기 어렵습니다."

2. 기존 거래처 관리

부천의 한 금속 가공 업체는 매월 이런 활동을 합니다.

○ 정기적인 소통
 - 월 1회 이상 방문
 - 주간 단위 통화
 - 이메일 정기 보고
 - 긴급상황 즉시 보고

"한 달에 한 번은 꼭 찾아갑니다. 문제가 없을 때도 가야 합니다. 문제가 생겼을 때만 가면 관계가 경직됩니다."

3. 클레임 관리의 기술

시화공단의 한 업체는 이렇게 불만을 처리합니다.

○ 긴급 대응 시스템
 - 클레임 접수 즉시 현장 방문
 - 원인 분석 및 보고
 - 개선 대책 수립
 - 재발 방지 약속

- 사후 점검 실시

"불만을 잘 처리하면 오히려 신뢰가 더 깊어집니다. 한번은 휴가를 반납하고 클레임을 해결했는데, 그 후로 그 거래처에서 가장 큰 물량을 주는 고객이 되었습니다."

4. 신뢰 구축을 위한 실천사항

○ 매일 해야 할 일
 - 약속시간 엄수
 - 통화/메일 즉시 응대
 - 진행상황 수시 보고
 - 문제 발생 시 즉시 알림

○ 매주 해야 할 일
 - 주간 생산계획 공유
 - 품질 보고서 발송
 - 이슈사항 정리
 - 개선사항 체크

○ 매월 해야 할 일
 - 정기 방문 실시

- 월간 실적 보고
- 대금 결제 확인
- 신규 요구사항 파악

"작은 약속부터 지키는 것이 중요합니다. 납기 하나 어기면 몇 년간 쌓은 신뢰가 무너질 수 있습니다."

5. 고객 관계 관리(CRM)의 실제

인천의 한 부품 가공 업체는 엑셀로 이런 관리를 합니다.

○ 거래처별 히스토리 관리
 - 최초 거래일자
 - 주문/납품 이력
 - 단가 변동사항
 - 클레임 처리내역
 - 특이사항 기록

"복잡한 시스템은 필요 없습니다. 엑셀 하나로도 충분합니다. 중요한 건 꾸준히 기록하는 것입니다."

작은 기업의 큰 꿈을 위하여

6. 장기적 관계 구축 전략

○ 시화공단의 성공 사례
 - 거래처의 어려움을 함께 고민
 - 원가 절감 아이디어 제안
 - 품질 개선 활동 지속
 - 신기술 정보 공유
 - 시장 동향 브리핑

"단순한 거래관계를 넘어 동반자가 되어야 합니다. 거래처가 성장해야 우리도 성장할 수 있습니다."

7. 고객 관리 실패 사례와 교훈

○ 피해야 할 실수들
 - 납기 지연 후 변명하기
 - 품질 문제 숨기기
 - 단가 인상 일방 통보
 - 거래처 직원 빼 가기
 - 경쟁사 정보 유출

"고객 관리는 특별한 것이 아닙니다. 약속을 지키고, 정직하게 소통하며, 문제가 생겼을 때 책임지는 자세… 이것이 평생 고객을 만드는 비결입니다."

■ 실전 Check-List

☐ 거래처별 관리카드가 있는가?

☐ 정기적인 방문/연락을 하고 있나?

☐ 클레임 처리 절차가 확립되어 있나?

☐ 거래내역이 정리되어 있나?

☐ 약속한 납기를 지키고 있나?

☐ 품질 보증체계가 있는가?

☐ 가격/단가 정책이 합리적인가?

☐ 긴급상황 대응체계가 있는가?

작은 기업의 큰 꿈을 위하여

6-2.
매출을 두 배로 늘리는 영업 비법

"영업은 어렵다고요? 우리에겐 기술이라는 무기가 있습니다."

안산의 한 부품 가공 업체 사장님의 말씀입니다. 기술자 출신도 잘할 수 있는 영업 노하우를 소개합니다.

실제 이런 일이 있었습니다.

시화공단의 한 프레스 업체 사장님은 처음 영업을 시작할 때 많이 힘들어했습니다.

"30년 동안 현장에서만 일하다가 갑자기 영업을 하려니 막막했죠. 어디서부터 시작해야 할지도 모르겠고….."

하지만 이 사장님은 자신만의 방법을 찾았습니다.

"우리의 강점이 뭔가 생각해 봤어요. 바로 '기술'이었죠. 그래서 거래처를 방문할 때마다 기술적인 제안을 하나씩 준비했습니다."

예를 들면 이런 식입니다.

○ 가공 방법 개선으로 원가 절감 방안 제시

○ 설계 변경으로 품질 향상 아이디어 제안

○ 새로운 소재 적용으로 성능 개선 제안

○ 공정 단순화로 납기 단축 방안 제시

"처음에는 10군데 중 1군데도 받아 주지 않았어요. 하지만 꾸준히 하다 보니 조금씩 성과가 나타나기 시작했습니다. 지금은 거래처에서 먼저 기술 상담을 요청해 옵니다."

1. 기술 영업의 핵심 포인트

부천의 한 금형 업체는 이렇게 준비합니다.

○ 영업 미팅 전 준비사항

 - 거래처 생산품목 분석

 - 예상 기술적 문제점 파악

 - 구체적인 개선방안 도출

 - 원가 절감 효과 계산

 - 샘플 테스트 결과 준비

"단순히 '좋은 제품 만들어 드립니다'가 아니라, 구체적으로 어떤 문제를 어떻게 해결할 수 있는지 보여 줘야 합니다."

2. 첫 미팅의 기술

시화공단의 성공 사례를 살펴보겠습니다.

○ 기본 준비물
 - 회사 소개서(A4 3장 이내)
 - 주요 설비 리스트
 - 품질인증서
 - 주요 거래처 실적
 - 기술제안서

○ 미팅 시 주요 포인트
 - 첫 5분이 승부
 - 기술력 중심의 소개
 - 구체적인 실적 제시
 - 차별화 포인트 강조
 - 개선 제안 준비

"처음 만남에서 전문성을 보여 주는 것이 중요합니다. 기술자 출신이라는 것이 오히려 강점이 될 수 있습니다."

3. 견적과 제안의 기술

인천의 한 금속 가공 업체의 성공 노하우를 들여다봅시다.

○ 견적서 작성법
 - 명확한 사양 명시
 - 상세한 단가 산출 근거
 - 납기 조건 구체화
 - 품질보증 내용 포함
 - 특이사항 별도 표기

"견적은 단순한 가격표가 아닙니다. 우리 회사의 전문성을 보여 주
는 기회입니다."

○ 기술제안서 포인트
 - 현재 문제점 분석
 - 구체적 해결방안
 - 기대효과 수치화
 - 실현 가능성 검증
 - 추진 일정 제시

실제 성공 사례

한 거래처에 '프레스 공정 개선으로 30% 원가 절감' 제안서를 제출했습니다.
처음에는 반신반의했지만, 샘플 테스트 후 대형 계약으로 이어졌습니다.

---

4. 거래처 발굴 전략

시화공단의 한 업체 사례를 살펴보면 다음과 같습니다.

○ 신규 거래처 발굴 방법
- 전시회 참가/방문
- 기존 거래처 소개
- 온라인 마케팅 활용
- 업종별 협회 활용
- 지역 네트워크 활용

"한번은 전시회에서 우연히 만난 업체가 지금은 최대 거래처가 되었
습니다. 기회는 어디에나 있습니다."

5. 영업 활동의 실전 노하우

다음은 부천의 한 프레스 업체가 실천하는 방법입니다.

○ 일일 영업 관리
 - 오전: 전화/이메일 응대
 - 오후: 거래처 방문/미팅
 - 저녁: 일일 실적 정리
 - 다음 날 계획 수립

○ 주간 영업 관리
 - 월: 주간 목표 설정
 - 수: 중간 점검
 - 금: 실적 분석/평가
 - 토: 다음 주 준비

"체계적인 관리가 중요합니다. 감으로 하는 영업은 오래가지 못합니다."

6. 성공적인 협상 전략

시화공단의 베테랑 사장님은 이런 조언을 하셨습니다.

○ 단가 협상 시
 - 원가 산출 근거 준비
 - 기술적 차별성 강조

작은 기업의 큰 꿈을 위하여

- 품질보증 제시
- 개선 가능성 제안
- 상생 방안 모색

"단순히 가격 깎기를 하지 마세요. 우리의 가치를 설득하는 것이 중요합니다."

7. 영업 실패에서 배우는 교훈

○ 흔한 실패 사례와 대책
- 과도한 약속 → 실현 가능한 제안만 하기
- 불명확한 견적 → 모든 조건 문서화하기
- 늦은 대응 → 24시간 이내 답변 원칙
- 일방적 통보 → 사전 협의 철저히
- 무리한 단가 → 적정 마진 확보

Key Point

"영업은 기술력을 바탕으로 한 신뢰 구축입니다. 우리의 전문성을 보여 주고, 고객의 문제를 해결해 주는 것이 최고의 영업입니다."

■ 실전 Check-List
☐ 거래처별 영업 전략이 있는가?

□ 기술제안 자료가 준비되어 있나?

□ 견적 산출 근거가 명확한가?

□ 신규 거래처 발굴 계획이 있나?

□ 영업 일정을 관리하고 있나?

□ 성공/실패 사례를 기록하나?

□ 정기적인 영업회의를 하는가?

□ 사후 관리를 하고 있나?

작은 기업의 큰 꿈을 위하여

6-3.
디지털 시대의 생존 전략

"인터넷에서 우리 회사가 검색이 안 돼요."
"홈페이지는 있는데 문의가 안 와요."
"SNS 마케팅, 우리 같은 제조업체가 할 수 있을까요?"

현장에서 자주 듣는 고민입니다. 25년 전, 저도 그랬습니다. 처음엔 '제조업체가 무슨 온라인 마케팅이냐'고 생각했죠. 하지만 지금은 달라졌습니다. 스마트폰 하나로 모든 정보를 찾는 시대가 되었으니까요.

실제 이런 일이 있었습니다.
시화공단의 한 금속 가공 업체는 처음에 이렇게 시작했습니다.

○ 네이버 스마트플레이스 무료 등록
○ 카카오톡 채널 개설
○ 월 1회 작업현장 사진 올리기
○ 주요 제품 정보 게시

"처음에는 아무 반응이 없었어요. 3개월 정도 지났을까… 갑자기 문의가 오기 시작했습니다. 지금은 매출의 30%가 온라인 문의에서 시작됩니다."

반면 이런 업체도 있었습니다.
"우리는 B2B니까 온라인은 필요 없어"라며 거부하다가, 젊은 구매담당자들이 인터넷에서 검색되지 않는다며 거래를 꺼리는 경우가 늘어나 뒤늦게 시작한 곳도 있었습니다.

1. 쉽게 시작하는 온라인 마케팅

부천의 한 프레스 업체가 실천한 방법은 다음과 같습니다.

○ 1단계: 기본 정보 등록(비용 제로)
- 네이버 스마트플레이스
  • 회사 기본 정보 입력
  • 찾아오는 길 등록
  • 대표 제품 사진 게시
  • 영업시간/연락처 표시

- 구글 비즈니스 프로필
  • 회사 위치 등록

작은 기업의 큰 꿈을 위하여

- 주요 생산품목 입력
- 검색 키워드 설정
- 회사 외관 사진 등록

"30분이면 충분합니다. 이것만 해도 인터넷 검색에서 우리 회사가 보이기 시작합니다."

○ 2단계: 카카오톡 채널 활용
 - 비즈니스 채널 개설
 - 주요 제품 소개
 - 설비 현황 공유
 - 인증서/수상실적 게시

"요즘은 젊은 구매담당자들이 먼저 카톡으로 문의가 옵니다. 응대도 훨씬 편해졌죠."

○ 3단계: 간단한 홈페이지 제작
 - 무료 템플릿 활용
 - 핵심 정보 위주로 구성
 - 모바일 화면 최적화
 - 문의하기 기능 추가

2. SNS 활용 전략

안산의 한 금형 업체의 성공 사례를 살펴보겠습니다.

○ 블로그 운영 노하우
- 주 1회 콘텐츠 업데이트
- 실제 작업 과정 소개
- 특수 가공 기술 설명
- 품질 관리 노하우 공유
- 현장 이야기 연재

"처음에는 뭘 올려야 할지 몰랐어요. 그래서 매주 금요일마다 그날 진행한 작업 하나를 사진 찍어서 설명을 써 봤습니다. 그런데 이게 의외로 반응이 좋더군요."

○ 유튜브 채널 활용
- 제품 제작 과정 촬영
- 설비 소개 영상
- 특수 공정 시연
- 품질검사 방법 설명

"스마트폰으로 찍어도 충분합니다. 오히려 너무 잘 만든 영상보다

작은 기업의 큰 꿈을 위하여

현장감 있는 영상이 신뢰를 줍니다."

3. 콘텐츠 제작 노하우

시화공단의 한 업체의 사례를 살펴봅시다.

○ 사진 촬영 포인트
 - 아침 시간 활용
 - 작업장 정리 후 촬영
 - 주요 공정 단계별 촬영
 - 완성품 다각도 촬영

○ 글쓰기 요령
 - 기술 용어는 쉽게 풀어쓰기
 - 도면/도표 활용하기
 - 실제 적용 사례 소개
 - 자주 묻는 질문 정리

"매일 찍는 것이 부담스러우면 일주일에 하나씩이라도 꾸준히 하는
것이 중요합니다."

4. 저예산 마케팅 전략

인천의 한 부품 가공 업체가 실천하는 방법은 다음과 같습니다.

O 필수 준비물
 - 스마트폰(사진/동영상 촬영용)
 - 간단한 조명(10만 원 이내)
 - 삼각대(5만 원 이내)
 - 모바일 편집 앱(무료)

"장비는 최소한으로 시작하세요. 중요한 건 콘텐츠입니다."

O 일일 온라인 관리
 - 문의사항 당일 응대
 - 신규 댓글 확인
 - 연락처 정보 업데이트
 - 긴급 소식 공지

O 주간 콘텐츠 관리
 - 신규 게시물 1~2개 업로드
 - 기존 콘텐츠 수정/보완
 - 조회수/반응 분석

작은 기업의 큰 꿈을 위하여

- 다음 주 콘텐츠 기획

5. 온라인 마케팅 성과 측정

시화공단의 성공 업체 사례를 살펴봅시다.

○ 주요 체크 포인트
- 홈페이지 방문자 수
- 검색 노출 빈도
- 문의 건수 변화
- 실제 거래 전환율
- SNS 반응도

"처음 3개월은 거의 반응이 없었습니다. 6개월 지나면서 조금씩 변화가 생기더니, 1년 후에는 확실한 성과가 나타났습니다."

6. 흔한 실패 사례와 해결책

○ 피해야 할 실수들
- 너무 많은 채널 운영 시도 → 1~2개 채널에 집중하기
- 전문용어 남발 → 쉬운 용어로 풀어쓰기
- 불규칙한 업데이트 → 적더라도 정기적 업데이트

- 늦은 답변/피드백 → 24시간 이내 응대 원칙

"욕심내지 말고 할 수 있는 만큼만 하세요. 작게 시작해서 점진적으로 늘리는 게 성공 비결입니다."

7. 장기적 운영 전략

○ 부천의 성공 사례
 - 월간 콘텐츠 계획 수립
 - 직원들과 역할 분담
 - 고객 피드백 적극 반영
 - 정기적인 성과 분석
 - 지속적인 개선 활동

"온라인 마케팅은 마라톤입니다. 꾸준히 하는 것이 중요합니다."

Key Point

"온라인 마케팅은 더 이상 선택이 아닌 필수입니다. 처음부터 완벽할 필요는 없습니다. 스마트폰 하나로도 시작할 수 있습니다. 중요한 것은 시작하고 꾸준히 하는 것입니다."

작은 기업의 큰 꿈을 위하여

■ 실전 Check-List

☐ 기업 홈페이지가 있는가?

☐ 네이버/구글 비즈니스 등록했나?

☐ SNS 계정을 운영하고 있나?

☐ 정기적으로 콘텐츠를 올리나?

☐ 검색 결과가 잘 나오나?

☐ 모바일에서 잘 보이나?

☐ 고객 피드백을 받고 있나?

6-4.
작지만 강한 브랜드 키우기

"우리 같은 작은 공장이 무슨 브랜드냐…."

현장에서 자주 듣는 말입니다. 하지만 25년간 현장을 돌아다니며 깨달은 것이 있습니다. 규모와 상관없이 모든 기업은 이미 브랜드를 가지고 있습니다. 거래처들이 우리 회사를 어떻게 생각하는지, 그게 바로 우리의 브랜드입니다.

실제 이런 일이 있었습니다.

인천의 한 프레스 가공 업체 이야기입니다. 직원이 10명도 안 되는 작은 공장이지만, 업계에서는 특별한 평가를 받고 있었습니다.

거래처들의 평가는 다음과 같았습니다.

"이 회사는 까다로운 제품도 척척 해결해 준다."
"약속한 건 무슨 일이 있어도 지킨다."

작은 기업의 큰 꿈을 위하여

"문제가 생기면 즉시 보고하고 해결한다."

"기술적인 조언을 아끼지 않는다."

이게 바로 브랜드입니다.

반면 이런 업체도 있었습니다.

기술력은 뛰어났지만 약속을 자주 어기고, 문제가 생기면 숨기려 했던 한 업체는 결국 거래처들의 신뢰를 잃고 어려움을 겪게 되었습니다.

"브랜드는 광고가 아닙니다. 매일의 작은 실천이 모여 브랜드가 됩니다."

1. 소기업의 브랜드 가치

시화공단의 한 금속 가공 업체의 브랜드 구축 과정은 이렇습니다.

○ 1단계: 우리만의 강점 찾기

 - 특화된 기술력은?

   • 0.01mm 이내 정밀가공

   • 난삭재 가공 기술

   • 특수 열처리 노하우

- 차별화 포인트는?
  - 24시간 긴급대응 가능
  - 소량 다품종 특화
  - 까다로운 품질 관리

"처음에는 뭐가 강점인지 몰랐어요. 그래서 거래처에 직접 물어봤습니다. '우리 회사 하면 뭐가 떠오르세요?'라고요."

○ 2단계: 강점 강화하기
 - 품질 관리 시스템 구축
 - 설비 현대화 투자
 - 직원 교육 강화
 - 납기 준수율 관리
 - 클레임 제로 운동

"강점을 찾았다면 그것을 더욱 강화해야 합니다. 한번 얻은 신뢰도 관리하지 않으면 무너집니다."

2. 브랜드 관리의 실천 방법

부천의 한 부품 가공 업체의 성공 사례를 들여다봅시다.

○ 일상적인 브랜드 관리
 - 5S 활동 철저
   • 정리/정돈/청소
   • 작업장 환경 개선
   • 방문객에게 좋은 인상
   • 직원 만족도 향상

 - 품질 관리 체계화
   • 입고 검사 강화
   • 공정 검사 철저
   • 출하 검사 이중화
   • 품질 기록 관리

"깨끗한 공장에서 좋은 제품이 나옵니다. 거래처 방문 시 우리 공장이 깨끗하다는 말을 자주 듣습니다."

3. 신뢰 구축의 기술

안산의 한 프레스 업체 사례를 살펴봅시다.

○ 신뢰 구축 3원칙
 - 정직한 소통

- 문제 발생 시 즉시 보고
- 개선 방안 함께 모색
- 재발 방지 대책 수립

- 약속 준수
  - 납기 철저히 지키기
  - 품질 기준 엄수
  - 견적 조건 준수

- 전문성 강화
  - 지속적인 기술 개발
  - 설비 현대화
  - 직원 교육 투자

4. 브랜드 이미지 관리

시화공단의 성공 기업이 관리하는 요소들은 다음과 같습니다.

○ 시각적 요소 관리
 - 깔끔한 사인보드
 - 정돈된 작업복
 - 청결한 작업환경

작은 기업의 큰 꿈을 위하여

- 체계적인 서류 관리

"작은 것 하나하나가 모여서 회사의 이미지가 됩니다."

○ 커뮤니케이션 관리
 - 전화 응대 매너
 - 이메일 답변 형식
 - 미팅 시 태도
 - 문서 작성 기준

5. 위기관리와 평판 관리

인천의 한 업체 사례를 알아보겠습니다.

○ 위기 대응 시스템
 - 품질 문제 발생 시
   • 즉시 보고 체계
   • 신속한 원인 분석
   • 해결책 제시
   • 재발 방지 대책

○ 평판 관리 방법
- 거래처 정기 방문
- 피드백 청취 및 반영
- 개선사항 실천
- 성과 보고

6. 브랜드 강화를 위한 투자

○ 장기적 관점의 투자
- 품질 향상을 위한 설비 투자
- 직원 교육 프로그램
- 작업환경 개선
- 기술 개발 투자

Key Point

"브랜드는 하루아침에 만들어지지 않습니다. 매일의 작은 실천이 모여 브랜드가 됩니다. 기술력과 신뢰성이 소기업의 가장 큰 브랜드 자산입니다."

■ 실전 Check-List
□ 우리 회사만의 강점이 명확한가?
□ 품질 관리 체계가 확립되어 있나?

작은 기업의 큰 꿈을 위하여

□ 약속 이행률을 관리하고 있나?

□ 위기관리 매뉴얼이 있는가?

□ 직원들이 브랜드 가치를 이해하나?

□ 거래처 피드백을 받고 있나?

□ 지속적인 개선활동을 하는가?

□ 장기적인 투자계획이 있는가?

제7장

기술의 금맥을 찾아서

"기술 혁신이라고 하면 너무 어렵게 생각하시죠?"

"그런 거는 대기업이나 하는 거 아닌가요?"

"우리 같은 작은 공장은 현재 기술만 잘 쓰면 되지 않나요?"

25년간 현장을 돌아다니며 가장 많이 들었던 소기업 사장님들의 이야기입니다. 저도 처음에는 그렇게 생각했습니다. 하지만 수많은 공장을 방문하면서 깨달은 것이 있습니다.

혁신의 98%는 모방에서 시작되고, 나머지 2%의 차이를 만드는 것이 바로 소기업의 기술 혁신이라는 것입니다.

실제 이런 일이 있었습니다.

시화공단의 한 프레스 업체를 방문했을 때입니다. 이 회사는 매일 작업이 끝나면 '오늘은 뭐가 불편했나?' 단 한 가지만 체크했습니다. 그리고 다음 날 그것을 개선했죠.

예를 들면 이런 것들이었습니다.

"자재 가져오는데 허리가 아파요." → 운반대 높이 조절

"이 공정에서 자주 실수해요." → 작업 순서도 부착

"이 부분 조립이 어려워요." → 치구 개선

작은 기업의 큰 꿈을 위하여

"이 제품은 불량이 자주 나요."→ 검사 포인트 추가

하나하나는 작은 변화였습니다. 하지만 1년 후, 놀라운 변화가 있었습니다.

○ 생산성 30% 향상
○ 불량률 50% 감소
○ 작업자 피로도 대폭 감소
○ 산업재해 제로 달성
○ 이직률 크게 감소

더 놀라운 것은 거래처의 반응이었습니다.

"이 회사는 계속 발전하는 것 같아요."
"작업장이 달라져 있을 때마다 신뢰가 갑니다."
"품질이 점점 좋아지는 게 느껴져요."

반면 이런 회사도 있었습니다.

"20년 동안 이렇게 해 왔는데 뭘 바꿔."
"그냥 하던 대로 하면 되지."
"바꾸다가 더 망치면 어쩌려고."

결과는 어땠을까요? 젊은 직원들이 하나둘 떠나고, 거래처도 줄어들었습니다. 결국 경쟁력을 잃고 어려움을 겪게 되었습니다.

이번 장에서는 소기업이 실천할 수 있는 기술 혁신의 구체적인 방법을 알아보겠습니다.

1. 내일의 기술을 읽는 눈: 세상이 어디로 가는지 읽는 법
2. 장인 기술의 진화: 남들과 다른 2%를 만드는 법
3. 기술자산 지키기: 우리의 2%를 지키는 법
4. 품질이 곧 생명이다: 모든 혁신의 기본

"혁신은 멀리 있지 않습니다. 매일 현장에서 발견하는 작은 불편함을 해결하는 것, 그것이 바로 혁신의 시작입니다."

작은 기업의 큰 꿈을 위하여

7-1.
내일의 기술을 읽는 눈

"세상이 너무 빨리 변해서 따라가기 힘들어요."

많은 소기업들의 고민입니다. 하지만 모든 변화를 다 따라갈 필요는 없습니다. 우리 분야의 핵심 변화만 읽을 줄 알면 됩니다.

실제 이런 일이 있었습니다.

시화공단의 한 금속 가공 업체 사장님은 매달 한 번씩 전시회나 세미나에 참석했습니다. 처음에는 시간 낭비 같았지만, 3년 후 이 선택이 빛을 발했습니다.

"2년 전 전시회에서 본 자동화 설비를 우리 공장 실정에 맞게 도입했더니, 다른 업체들이 지금 고민하는 인력난을 미리 해결할 수 있었습니다."

반면 이런 업체도 있었습니다.

"바빠 죽겠는데 무슨 전시회, 무슨 세미나….."

결과적으로 기술 변화에 뒤처져 거래처의 새로운 요구사항을 맞추지 못하게 되었습니다.

앞으로 10년, 제조업에 닥칠 큰 변화들은 다음과 같습니다.

○ 스마트공장 확산
○ 디지털 전환 가속화
○ 친환경 생산 요구
○ 납기/품질 기준 강화

"모든 변화를 한꺼번에 따라갈 필요는 없습니다. 우리 공장에 꼭 필요한 것부터, 하나씩 준비하면 됩니다."

1. 핵심 트렌드 읽기

시화공단의 성공 사례를 통해 다음과 같은 트렌드 분석법을 알 수 있습니다.

○ 거래처 동향 파악하기
- 정기 미팅 시 질문하기
  • 향후 계획은?

작은 기업의 큰 꿈을 위하여

- 기술적 요구사항은?
- 품질 기준 변화는?
- 신규 프로젝트는?

"거래처가 바로 트렌드의 바로미터입니다. 그들의 요구사항 변화를 주의 깊게 살펴보세요."

○ 업계 동향 체크하기
 - 전시회 정기 참관
 - 협회 세미나 참석
 - 기술 강좌 수강
 - 업종별 모임 참여

부천의 한 업체 사장님은 이렇게 말씀하십니다.
"매달 마지막 주 목요일은 무조건 전시회나 세미나에 갑니다. 하루 매출은 포기하지만, 그게 1년 후의 매출을 좌우합니다."

2. 정보 수집의 기술

인천의 한 금속 가공 업체가 실천하는 방법을 살펴보겠습니다.

○ 일상적인 정보 수집
 - 매일 10분 업계 뉴스 읽기
 - 주간 기술 동향 체크
 - 월간 전문지 구독
 - 분기별 전시회 참관

"처음에는 무슨 말인지도 모르겠더라고요. 하지만 6개월 정도 지나니까 조금씩 보이기 시작했습니다."

3. 트렌드 분석의 핵심 포인트

안산의 한 프레스 업체가 주목하는 것들은 다음과 같습니다.

○ 시장의 변화
 - 다품종 소량생산 확대
   • 설비 유연성 필요
   • 단납기 요구 증가
   • 원가 경쟁 심화

 - 품질 기준 강화
   • 검사 기준 세분화
   • 품질보증 요구 증가

작은 기업의 큰 꿈을 위하여

- 트레이서빌리티 필수

"모든 변화를 한꺼번에 따라갈 필요는 없습니다. 우리 회사에 가장 시급한 것부터 준비하면 됩니다."

4. 실천 방법

시화공단의 성공 사례를 살펴봅시다.

○ 단계별 접근법
 - 1단계: 현재 위치 파악
   - 우리 설비 수준은?
   - 기술력은 어느 정도?
   - 인력 현황은?
   - 자금 여력은?

 - 2단계: 우선순위 결정
   - 시급성: 당장 필요한가?
   - 효과성: 얼마나 도움 되나?
   - 실현성: 할 수 있는가?
   - 비용: 감당 가능한가?

"한 번에 다 하려고 하지 마세요. 가장 시급하고 효과가 큰 것부터 하나씩 시작하면 됩니다."

5. 주요 기술 변화 대응방안

부천의 한 업체가 실천한 방법은 다음과 같습니다.

○ 스마트공장 대비
 - 1단계: 바코드 도입
 • 자재 입출고 관리
 • 공정 이력 관리
 • 품질 데이터 축적

 - 2단계: 기초 자동화
 • 단순 반복 작업
 • 위험 작업 영역
 • 품질 검사 공정

"처음부터 완벽한 스마트공장을 만들려고 하지 마세요. 작은 것부터 시작하면 됩니다."

작은 기업의 큰 꿈을 위하여

6. 성공적인 변화 관리

시화공단의 베테랑 사장님은 다음과 같이 조언합니다.

○ 직원들과 함께하기
  - 변화의 필요성 설명
  - 교육 기회 제공
  - 의견 적극 수렴
  - 성과 공유

"아무리 좋은 기술도 직원들이 거부하면 실패합니다. 함께 가는 것
이 중요합니다."

Key Point

**"트렌드를 읽는다는 것은 모든 첨단 기술을 다 도입한다는 의미가
아닙니다. 우리 공장에 꼭 필요한 변화를 찾아서, 적절한 시기에, 감당
할 수 있는 수준에서 적용하는 것이 핵심입니다."**

■ 실전 Check-List

☐ 정기적으로 전시회/세미나에 참석하나?

☐ 거래처의 요구사항을 파악하고 있나?

☐ 경쟁사의 동향을 체크하고 있나?

□ 기술 변화에 대한 대응 계획이 있나?

□ 직원 교육 계획이 있나?

□ 투자 계획이 수립되어 있나?

□ 정부지원사업을 검토했나?

□ 단계별 실행 계획이 있나?

작은 기업의 큰 꿈을 위하여

7-2.
장인 기술의 진화

"기술 개발은 돈 많은 대기업이나 하는 거 아닌가요?"

많은 소기업들이 이렇게 생각합니다. 하지만 기술 개발의 시작은 바로 현장의 작은 개선에서 시작됩니다.

실제 이런 일이 있었습니다.

부천의 한 금속 가공 업체는 이렇게 시작했습니다.

매주 월요일 아침, 직원들과 15분 회의를 했습니다.

"지난주에 불편했던 점 하나만 이야기해 보자."

직원들이 다음과 같은 목소리를 냈습니다.

"이 공정에서 자꾸 실수가 나요."

"이 부분은 작업하기가 너무 불편해요."

"이 제품은 검사하기가 힘들어요."

"이 설비는 세팅하는 데 시간이 너무 걸려요."

사장님은 이런 목소리를 하나하나 메모했습니다. 그리고 매주 한 가지씩 개선했습니다.

6개월 후의 변화는 놀라웠습니다.

○ 불량률 40% 감소
○ 작업 시간 30% 단축
○ 작업자 피로도 크게 감소
○ 신규 아이디어 지속 제안

"이게 바로 현장형 기술 개발입니다. 거창한 연구소나 큰 투자가 필요한 게 아닙니다."

1. 현장 중심의 기술 개발

시화공단의 한 프레스 업체는 다음과 같이 단계별로 접근 방법을 사용했습니다.

○ 1단계: 문제점 발견
 - 현장 순회 체크리스트

작은 기업의 큰 꿈을 위하여

- 불량이 자주 나는 공정
- 작업자가 힘들어하는 부분
- 시간이 많이 걸리는 작업
- 원가가 많이 드는 부분

○ 2단계: 개선 아이디어 수집
- 주간 개선회의 운영
  - 작업자 의견 청취
  - 해결방안 브레인스토밍
  - 실현 가능성 검토
  - 비용 효과 분석

○ 3단계: 실행과 검증
- 소규모 테스트 진행
  - 일부 공정에 시범 적용
  - 효과 측정
  - 문제점 보완
  - 전체 적용 검토

"작은 성공이 큰 자신감이 됩니다. 하나씩 성공 경험을 쌓아가는 것이 중요합니다."

2. 정부지원사업 활용하기

○ 신청 전 준비사항

정부지원사업을 통해 제품 개발을 하려면 최소한 다음의 4가지는 준비합니다.

   - 아이디어(제품/기술)

   - 지식재산권 출원

   - 시장성 분석

   - 연구인력(2명)

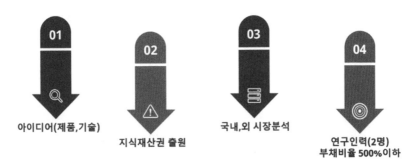

○ 기술 개발 기획 순서

기술 개발 사업계획서를 작성하기 위해서는 다음과 같은 순서로 개발할 제품이나 기술을 간단하게 요약한 기획서를 작성합니다.

1) 기술(제품)이 속하는 산업분야

  - 제품이나 기술이 속하는 산업분야

  - 주요 기능, 용도, 사용처

2) 현재 국내외 기술현황

  - 유사제품 비교표

3) 기술(제품)의 문제점

4) 기술의 필요성

5) 개발기술의 독창성 및 차별성

6) 기술 개발 방법

  - 개략도

  - 항목별 핵심기술 개발 방법

7) 기술 개발 성능지표

  - 제품 개발 후 성능을 평가할 지표를 정하고 공인기관의 시험 방법
    등을 다음 표와 같이 정리하여야 합니다.

주요 성능지표 개요

성능 지표	단위	비중	기술 개발 전 수준	세계 최고 수준	개발 목표	평가 방법	측정 방법

8) 국내외 시장조사

  - 산출 근거, 단가, 인용처

9) 개발 후 매출계획

  - 제품판매단가 결정

  - 시장점유율

  - 3개년 매출목표

10) 개발비 소용내역

  - 총 개발비용: 정부 출연금, 기업부담금(현금, 현물)

  - 소요자재 List(직접비)

3. 실제 기술 개발 진행 방법

○ 자체 개발

  - 현장 직원들의 아이디어 수집

  - 시험 제작 및 테스트

  - 데이터 축적과 분석

  - 개선사항 도출

○ 정부지원사업 참여

  - 대학/연구소 연계

  - 전문가 자문

  - 시험/인증기관 활용

작은 기업의 큰 꿈을 위하여

Key Point

"기술 개발은 멀리 있지 않습니다. 현장에서 발생하는 문제, 고객의 불편한 목소리를 메모해 두세요. 그 문제를 해결하는 방법이 기술 개발이 됩니다. 처음부터 큰 것을 바라보지 말고, 작은 것부터 정부지원 기술 개발 지원사업을 활용해 시작하세요."

■ 실전 Check-List

☐ 개선이 필요한 부분을 정리했나?

☐ 구체적인 목표가 있는가?

☐ 직원들의 아이디어를 수집하나?

☐ 개선 결과를 기록하고 있나?

☐ 정부지원사업을 검토했나?

☐ 외부 전문가 자문을 받고 있나?

☐ 특허 출원을 고려했나?

☐ 기술 개발 예산이 있나?

7-3.
기술자산 지키기

부천의 한 금형 업체 이야기를 들려드리겠습니다. 이 회사는 독특한 가공 방법을 개발했는데, 특허 출원을 미루다가 결국 다른 회사가 먼저 특허를 받았습니다. 결과적으로 자신들이 개발한 기술을 더 이상 쓰지 못하게 되었죠.

반면 인천의 한 프레스 업체는 작은 개선 기술도 꾸준히 특허로 등록했습니다. 처음에는 번거롭고 비용도 부담되었지만, 지금은 그 특허들이 회사의 가장 큰 자산이 되었답니다.

'우리 같은 작은 공장이 무슨 특허…'
많은 소기업들이 이렇게 생각합니다. 하지만 현장에서 개발한 작은 기술 하나가 나중에 큰 가치가 될 수 있습니다.

시화공단의 한 사장님은 이렇게 말씀하십니다.
"특허 하나로 5년 동안 독점 계약을 따냈습니다. 변리사 비용이 아깝

작은 기업의 큰 꿈을 위하여

다고 망설였던 게 지금은 후회될 정도예요."

특허 출원, 이렇게 시작하세요.

1단계: 특허 가능성 검토
○ 기존 특허 조사
○ 기술의 독창성 확인
○ 상업적 가치 평가
○ 권리화 범위 결정

1. 출원 전 꼭 확인할 사항

인천의 한 금속 가공 업체 사례를 들여다봅시다.

○ 기본 체크리스트
 - 권리자 명확히 하기
  • 출원인: 법인 또는 개인
  • 발명자: 실제 개발 참여자
  • 공동출원 여부 검토
  • 직무 발명 규정 확인

"나중에 분쟁이 생기지 않도록 권리관계를 처음부터 명확히 해야 합니다."

○ 행정적 준비사항
 - 특허청 인감 등록
 - 출원인 코드 발급
 - 변리사 선정
 - 비용 예산 책정

○ 기술적 검토사항
 - 신규성 확인
 - 키프리스(www.kipris.or.kr) 검색
  • 유사특허 조사
  • 선행기술 분석
  • 차별성 정리

"비용 들여서 출원했는데 거절되면 안 되니까, 사전 조사를 철저히
해야 합니다."

2. 출원 전 요약자료 준비

○ 기술 개요
 - 기술이 속하는 산업분야 명시

작은 기업의 큰 꿈을 위하여

- 주요 기능 및 용도 설명
- 공정/프로세스 상세 기술

○ 문제 해결 방안
- 기존 기술의 문제점 분석
- 해결하고자 하는 과제 명확히 제시
- 문제 해결을 위한 기술적 방안 설명

○ 기술 상세
- 발명의 구체적 구성요소 설명
- 각 구성요소의 기능 및 작동원리
- 도면/도식 첨부(구성도, 개략도)
- 실시 예 및 실험데이터(있는 경우)

○ 발명의 효과
- 기술적 효과 구체적 제시
- 경제적 효과 예측
- 산업적 활용방안 설명

○ 마케팅 요소
- 시장성 있는 발명의 명칭 선정
- 제품화 가능성 검토

- 사업화 전략 수립

3. 기술의 종류별 보호 방법

부천의 베테랑 사장님이 알려 주는 권리화 전략은 다음과 같습니다.

○ 제품 및 공정기술
 - 특허권(20년 보호)
   • 높은 수준의 기술
   • 핵심 공정/방법
   • 독창적인 메커니즘
   • 시장성 큰 기술

"특허는 비용이 좀 들지만, 가장 강력한 보호 수단입니다."

○ 단순 개선기술
 - 실용신안권(10년 보호)
   • 공구/지그 개선
   • 작업 방법 개선
   • 설비 보완
   • 비용 저렴

작은 기업의 큰 꿈을 위하여

"작은 개선 기술도 실용신안으로 보호받을 수 있습니다."

○ 제품 디자인
 - 디자인권(20년 보호)
  • 제품의 형상
  • 모양/색채
  • 심미적 요소
  • 브랜드 이미지

○ 회사 브랜드
 - 상표권(10년, 갱신 가능)
  • 회사명/상품명
  • 로고/심볼
  • 캐릭터
  • 색채 조합

4. 출원비용 절감 방법

○ 시화공단의 한 업체 활용 사례
 - 정부지원사업 활용
  • IP창업존
  • 특허바우처 사업

- 지역지식재산센터
- 특허공제 제도

5. 특허 관리와 활용 전략

시화공단의 성공 기업이 실천하는 방법입니다.

○ 체계적인 관리
 - 권리 관리 대장 작성
   - 출원/등록 현황
   - 연차료 납부 일정
   - 심사 진행 상황
   - 침해 감시 기록

"특허 받는 것보다 관리하는 게 더 중요합니다. 연차료 한 번 못 내면 권리가 소멸됩니다."

○ 활용 전략
 - 기술 마케팅
   - 특허 보유 기술 홍보
   - 거래처 신뢰도 향상
   - 기술 이전 검토

작은 기업의 큰 꿈을 위하여

- 라이센스 계약

6. 특허 분쟁 대응

안산의 한 업체는 다음과 같은 방법으로 특허 분쟁에 대비하였습니다.

○ 예방적 조치
 - 정기적인 특허 조사
 - 회피 설계 검토
 - 전문가 자문 활용
 - 분쟁 보험 가입

"특허 분쟁은 예방이 최선입니다. 사전에 철저히 조사하고 대비하세요."

7. 영업비밀 보호

인천의 한 기업은 다음과 같은 방법으로 영업비밀을 성공적으로 보호하였습니다.

○ 핵심기술 문서화
○ 보안 규정 수립
○ 직원 교육 실시

○ 비밀유지계약 체결

Key Point

"지적재산권 관리는 비용이 아닌 투자입니다. 오늘 지출하는 비용이 내일의 자산이 됩니다."

지적재산권은 기업의 중요한 자산입니다. 처음에는 비용이 부담될 수 있지만, 장기적으로는 회사를 보호하는 든든한 방패가 됩니다.

■ 실전 Check-List

☐ 특허 검색은 해 보았나?

☐ 기술 내용을 문서화했나?

☐ 정부지원사업을 알아봤나?

☐ 연차료 납부계획이 있나?

☐ 영업비밀 관리규정이 있나?

☐ 기술 유출 방지책이 있나?

작은 기업의 큰 꿈을 위하여

7-4.
품질이 곧 생명이다

"매출보다 중요한 게 품질입니다."

시화공단의 한 금속 가공 업체 사장님의 말씀입니다. 25년간 현장을 보면서 깨달은 것이 있습니다. 품질이 좋은 공장은 불황에도 주문이 끊이지 않습니다.

실제 이런 일이 있었습니다.

부천의 한 프레스 업체는 매일 이렇게 시작합니다.

○ 아침 조회 때 품질 체크포인트 확인
○ 첫 제품 검사는 사장님이 직접 하기
○ 주요 치수 측정 결과 기록
○ 작업조건 이상 여부 점검

"처음에는 번거롭고 시간 낭비 같았어요. 하지만 이제는 습관이 되었고, 그 결과 3년 연속 품질 우수 업체로 선정되었습니다."

반면 이런 업체도 있었습니다.

"눈대중으로 해도 충분해."
"지금까지 이렇게 해 왔는데 뭐가 문제야."
결과적으로 불량이 늘어나고, 거래처의 신뢰를 잃게 되었습니다.

"품질은 검사로 만들어지는 것이 아니라, 현장에서 만들어집니다."

1. 현장 중심의 품질 관리

시화공단의 한 업체가 실천하는 방법입니다.

○ 매일 체크할 것
 - 첫 제품 검사
  • 주요 치수 측정
  • 외관 검사
  • 기능 테스트
  • 작업조건 확인

"첫 제품이 OK면 80%는 성공입니다."

○ 공정별 관리포인트
 - 입고 검사
   • 자재 규격 확인
   • 수량/치수 체크
   • 외관 상태 점검
   • 성적서 확인

 - 공정 검사
   • 주요 치수 측정
   • 가공 상태 확인
   • 작업조건 점검
   • 이상소리/진동 체크

 - 출하 검사
   • 최종 치수 검사
   • 외관/기능 점검
   • 포장 상태 확인
   • 수량 재확인

"검사는 제품을 만드는 또 하나의 공정입니다. 귀찮다고 건너뛰면 안 됩니다."

2. 품질 문제 해결 노하우

인천의 한 금속 가공 업체의 성공 사례를 살펴봅시다.

○ 불량 발생 시 대응 절차

 - 즉시 조치

   • 작업 즉시 중단

   • 불량품 격리

   • 원인 파악

   • 거래처 보고

 - 원인 분석: 4M 분석

   • Man(작업자): 숙련도, 피로도

   • Machine(설비): 정밀도, 마모

   • Material(자재): 품질, 상태

   • Method(방법): 작업조건, 표준

 - 재발 방지

   • 작업표준 개정

   • 검사 방법 보완

   • 작업자 교육

   • 설비 점검 강화

작은 기업의 큰 꿈을 위하여

"문제가 생겼을 때 숨기지 마세요. 즉시 보고하고 해결하는 것이 신뢰를 높이는 길입니다."

3. 품질 관리 시스템 구축

부천의 성공 업체 사례를 살펴보겠습니다.

○ 기본 인프라 구축
 - 측정기구 관리
  • 정기 검·교정
  • 사용법 교육
  • 보관 장소 지정
  • 담당자 지정

4. 효과적인 품질 관리 방법

시화공단의 성공 기업이 실천하는 것들에는 다음과 같은 것들이 있습니다.

○ 문서화 시스템
 - 작업표준서
  • 공정별 주의사항

- 검사 포인트
- 불량 사례
- 조치 방법

 - 품질 기록
   - 검사 데이터
   - 불량 이력
   - 개선 조치
   - 고객 피드백

"기록하지 않으면 개선할 수 없습니다. 모든 품질 데이터는 자산입니다."

5. 거래처 품질 요구 대응

안산의 한 업체 사례를 통해 품질 요구에 대응하는 방법을 알아봅시다.

○ 단계별 대응
 - 사전 준비
   - 요구사항 명확히
   - 측정 방법 확인

- 샘플 테스트
- 공정능력 분석

- 양산 관리
  - 초기 집중 관리
  - 정기 보고
  - 이상 발생 시 즉시 보고
  - 개선활동 추진

"거래처와의 소통이 품질 관리의 시작입니다."

6. 예방적 품질 관리

시화공단의 베테랑 사장님이 강조하는 것들은 다음과 같습니다.

○ 핵심 포인트
- 설비 예방정비
  - 주간 점검
  - 월간 정비
  - 정기 오버홀
  - 예비부품 확보

- 작업자 교육
  - 품질 마인드
  - 측정기 사용법
  - 불량 판정 기준
  - 개선활동 방법

"품질은 만들어진 후가 아니라, 만들기 전에 관리해야 합니다."

Key Point

"품질은 검사가 아닌 제조 과정에서 만들어집니다. 모든 직원이 품질의 중요성을 이해하고, 일상적으로 실천하는 것이 핵심입니다."

■ 실전 Check-List

☐ 작업표준은 명확한가?

☐ 검사기준이 확립되어 있나?

☐ 측정장비는 적절한가?

☐ 품질기록을 남기고 있나?

☐ 불량 관리가 체계적인가?

☐ 예방정비를 하고 있나?

☐ 직원 교육이 이루어지나?

☐ 개선활동이 지속되나?

제8장

100년 기업을 향한 도전

"제 나이에 무슨 변화입니까? 지금까지 해 왔던 대로 하면 되죠."

현장에서 자주 듣는 말입니다. 하지만 25년간 현장을 돌아 보니, 변화를 받아들인 공장은 성장했고, 거부한 공장은 어려워졌습니다.

실제 이런 일이 있었습니다. 부천의 한 프레스 공장은 10년 전부터 조금씩 디지털화를 준비했습니다. 처음엔 단순한 바코드 시스템이었죠. 지금은 전국에서 찾아오는 스마트공장이 되었습니다.

반면, '우리는 이대로가 좋다'고 하던 옆 공장은 젊은 직원들이 하나 둘 떠나고, 거래처도 줄어들어 결국 문을 닫았습니다.

변화는 선택이 아닌 필수가 되었습니다. 하지만 너무 걱정하지 마세요. 이번 장에서는 실제로 적용 가능한, 현실적인 준비 방법을 알려 드리려고 합니다.

1. **변화의 파도를 타는 지혜:** 작은 것부터 시작하는 혁신
2. **스마트공장으로 가는 길:** 돈 안 들이고 시작하는 방법
3. **지속 가능한 성장동력 찾기:** 미래를 위한 필수 과제
4. **가업 승계의 성공방정식:** 다음 세대를 위한 준비

"미래는 멀리 있지 않습니다. 내일 아침부터 시작되는 겁니다."

작은 기업의 큰 꿈을 위하여

자, 이제 어떻게 하면 우리 공장이 10년 후에도 경쟁력을 가질 수 있을지, 하나씩 알아보겠습니다. 거창한 계획이나 큰 투자가 필요한 게 아닙니다. 작은 것부터, 할 수 있는 것부터 시작하면 됩니다.

지금부터 우리 공장의 미래를 함께 준비해 보시죠.

8-1.
변화의 파도를 타는 지혜

"변화가 필요한 건 알지만, 어디서부터 시작해야 할지 모르겠어요."

많은 소기업 사장님들의 고민입니다. 답은 간단합니다. 가장 불편한 것 하나부터 시작하면 됩니다.

1. 성공한 변화 관리 사례

인천의 한 금속 가공 업체 이야기를 들려드리겠습니다. 이 회사는 이렇게 시작했습니다.

○ 첫째 달: 공구 정리
  - 자주 쓰는 공구는 작업대 앞에
  - 가끔 쓰는 공구는 공구함에
  - 1년간 안 쓴 공구는 창고로

작은 기업의 큰 꿈을 위하여

○ 둘째 달: 도면 관리
 - 진행 중인 도면은 작업대에
 - 완료된 도면은 파일링
 - 스캔해서 컴퓨터 저장

○ 셋째 달: 납기 관리
 - 화이트보드에 납기일정 정리
 - 아침마다 5분간 일정 체크
 - 긴급 건 별도 표시

작은 변화들이 모여 1년 후에는 완전히 다른 회사가 되었답니다.

2. 변화 관리의 기본원칙

○ 작은 것부터 시작
 - 가장 짜증나는 일 하나 고치기
 - 자주 실수하는 작업 개선하기
 - 시간 많이 걸리는 일 단순화하기

○ 직원과 함께하기
 - 아침 회의 때 의견 듣기
 - 개선 제안자 포상하기

- 성과 공유하기

- 변화에 대한 두려움 해소하기

3. 단계별 변화 관리

○ 1단계: 현상 파악

- 우리 공장의 문제점은?

- 개선이 시급한 것은?

- 직원들의 불만은?

- 거래처의 요구는?

○ 2단계: 목표 설정

- 불량률 30% 감소

- 납기 준수율 100%

- 작업환경 개선

- 직원 만족도 향상

○ 3단계: 실행과 점검

- 매주 진행상황 체크

- 문제점 즉시 수정

- 성과 측정

- 피드백 반영

작은 기업의 큰 꿈을 위하여

"변화는 멀리 있지 않습니다. 지금 이 순간, 여러분의 공장에서 가장 불편한 것 하나를 바꾸는 것부터 시작하세요.

작은 변화들이 모여 큰 혁신이 됩니다. 오늘, 여러분의 공장에서 가장 불편한 것 하나를 바꿔 보는 건 어떨까요?"

■ 실전 Check-List

☐ 개선이 필요한 부분을 파악했나?

☐ 직원들의 의견을 들었나?

☐ 실행 계획이 구체적인가?

☐ 책임자가 지정되어 있나?

☐ 일정이 현실적인가?

☐ 비용 계획이 있나?

☐ 측정 방법이 있나?

☐ 보상 체계가 있나?

☐ 직원 교육 계획이 있나?

8-2.
스마트공장으로 가는 길

"스마트공장? 우리 같은 작은 공장은 엄두도 못 내죠."

많은 소기업들의 첫마디입니다. 하지만 디지털 전환은 생각보다 쉽게 시작할 수 있습니다.

1. 실제 활용 사례

○ 카톡으로 시작한 디지털화

1) 비용 제로로 시작한 변화

  - 거래처별 카톡방 개설

  - 도면 수신/발신

  - 납기 확인

  - 견적 문의 대응

2) 효과

  - 의사소통 시간 50% 감소

작은 기업의 큰 꿈을 위하여

- 기록 자동 보관
- 오해/실수 감소

○ 엑셀 활용

1) 기본적인 관리시스템 구축
 - 생산일정 관리
 - 재고 관리
 - 거래처별 단가표
 - 월별 실적 관리

2) 효과
 - 페이퍼워크 감소
 - 데이터 기반 의사결정
 - 원가 관리 효율화

2. 단계별 디지털 전환 방법

○ 기초 다지기(비용 거의 없음)

1) 스마트폰/PC 활용
 - 카카오톡 업무용 계정
 - 구글 캘린더 일정 관리
 - 네이버 워크플레이스

- 기본 엑셀 작업

2) 준비물
 - 스마트폰
 - 노트북/PC
 - 와이파이

○ 기본 시스템 구축(저비용)
1) 정부지원 활용
 - 스마트공방, 스마트팩토리 지원사업
 - 클라우드 서비스 지원
 - 디지털 전환 컨설팅
 - 설비 자동화 지원

2) 도입 가능 항목
 - 바코드/QR코드 시스템
 - 생산 관리 프로그램
 - 품질 관리 시스템
 - 재고 관리 솔루션

작은 기업의 큰 꿈을 위하여

○ 고도화(정부지원 활용)

1) 스마트공장 구축

  - 실시간 데이터 수집

  - 설비 모니터링

  - 불량 예측

  - 예지 보전

2) 지원 사업 활용

  - 중기부 스마트팩토리

  - 테크노파크 지원사업

  - 지자체 지원

3. 현장 적용 시 주의사항

○ 직원 교육이 핵심

  - 기초 컴퓨터 교육

  - 스마트폰 활용법

  - 프로그램 사용법

  - 데이터 입력 중요성

○ 단계적 접근

  - 1단계: 기초 디지털화

- 2단계: 부분 자동화
- 3단계: 데이터 수집/분석
- 4단계: 전체 시스템 통합

○ 현장 맞춤형으로 진행
- 설비 특성 반영
- 작업자 의견 수렴
- 실제 효과 검증
- 단계별 보완

Key Point

"디지털 전환은 선택이 아닌 필수가 되었습니다. 하지만 처음부터 완벽할 필요는 없습니다. 카톡 하나, 엑셀 하나부터 시작해도 됩니다. 우리 공장에 꼭 필요한 것부터, 감당할 수 있는 만큼만 시작하세요. 카톡 하나로 시작한 변화가 몇 년 후에는 스마트공장이 될 수 있습니다."

■ 실전 Check-List

☐ 현재 디지털화 수준을 파악했나?

☐ 직원들의 디지털 역량을 알고 있나?

☐ 정부지원사업을 검토했나?

☐ 단계별 계획이 있나?

☐ 필요 예산을 확보했나?

작은 기업의 큰 꿈을 위하여

- ☐ 교육 계획이 있나?
- ☐ 전담 인력이 있나?
- ☐ 보안 대책이 있나?
- ☐ 데이터 백업 계획이 있나?
- ☐ 유지·보수 방안을 고려했나?

8-3.
지속 가능한 성장동력 찾기

"우리 같은 작은 공장이 무슨 친환경이니, ESG니 하는 걸 신경 써야 하나요?"

시화공단에서 만난 한 사장님의 질문입니다. 솔직히 저도 처음에는 그렇게 생각했습니다. 하지만 25년간 현장을 돌아다니며 깨달은 것이 있습니다. 지속 가능성은 더 이상 대기업만의 이야기가 아닙니다.

실제로 이런 일이 있었습니다. 인천의 한 프레스 가공 업체를 방문했을 때입니다. 사장님이 이런 말씀을 하시더군요.

"3년 전에 LED 등으로 바꾸고, 에어 누설 점검하고, 분리수거 제대로하고… 처음에는 다들 '돈 낭비'라고 했어요. 근데 1년 만에 전기요금이 20% 줄었어요. 게다가 깨끗해진 공장을 본 거래처에서 더 큰 물량을 주더라고요. 요즘 젊은 직원들도 '깨끗하고 안전한 공장'이라고 찾아옵니다."

1. 작은 것부터 시작하세요

처음부터 큰 투자는 필요 없습니다. 이렇게 시작해 보세요.

○ 에너지 절감
 - 점심시간 소등하기
 - 퇴근 전 콘센트 뽑기
 - 공기압축기 누설 주 1회 점검
 - 설비 예열시간 최적화

실제로 부천의 한 업체는 이것만으로도 월 전기요금을 15% 절감했습니다.

2. 환경 관리는 투자입니다

"깨끗한 공장이 좋은 제품을 만듭니다."
시흥의 한 금속 가공 업체는 이렇게 실천했습니다.

○ 기본적인 환경 관리
 - 작업장 분리수거 철저
 - 폐유는 전문 업체 수거
 - 작업장 환기 시간 정하기

- 주변 정리, 정돈 매일 하기

3. 안전이 최고의 복지입니다

시화공단의 한 금속 가공 업체는 이렇게 시작했습니다.

○ 하루 10분 안전점검
 - 아침 조회 때 안전모, 안전화 체크
 - 작업장 통로 확보 확인
 - 비상구 앞 적치물 제거
 - 소화기 위치 확인

결과는 놀라웠습니다. 2년간 단 한 건의 산재도 없었답니다.

4. 직원이 오래 일하는 회사를 만드세요

부평의 한 업체 사례를 보겠습니다. 이 회사는 10년간 한 명도 퇴사하지 않았습니다. 비결이 뭘까요?

○ 기본에 충실한 복지
 - 4대 보험은 기본
 - 명절/휴가비는 꼭 챙기기

작은 기업의 큰 꿈을 위하여

- 야근수당 제때 지급
- 작업복 연 2회 지급

5. 지역사회와 함께 성장하세요

인천의 한 업체는 이렇게 실천하고 있습니다.

○ 할 수 있는 만큼만
- 지역 고등학교 현장실습 받기
- 주변 청소 함께 하기
- 지역 축제 때 후원하기
- 어려운 이웃 돕기

Key Point

"지속 가능 경영, 어렵게 생각하지 마세요. 전기 아끼기, 쓰레기 줄이기, 안전하게 일하기… 이런 작은 실천들이 모여서 우리 회사의 미래를 만듭니다. 처음부터 완벽할 필요는 없습니다. 할 수 있는 것부터 하나씩 시작하세요. 그리고 직원들과 함께하세요. 혼자 하면 어렵지만, 모두가 함께하면 쉬워집니다."

■ 실전 Check-List

1. 에너지 관리

☐ 전기요금을 매월 체크하고 있나?

☐ 불필요한 전등은 끄고 있나?

☐ 퇴근 시 콘센트를 뽑고 있나?

☐ 공기압축기 누설을 점검하나?

☐ 설비 예열시간을 최적화했나?

2. 환경 관리

☐ 분리수거가 제대로 되고 있나?

☐ 폐유/폐액 처리는 적법한가?

☐ 작업장 환기는 정기적으로 하나?

☐ 소음/분진 관리를 하고 있나?

☐ 주변 환경 정리, 정돈이 되어 있나?

3. 안전 관리

☐ 안전보호구를 제대로 착용하나?

☐ 안전통로가 확보되어 있나?

☐ 소화기 위치를 모두가 알고 있나?

☐ 비상구가 막혀 있지 않은가?

☐ 작업장 조명은 충분히 밝은가?

작은 기업의 큰 꿈을 위하여

4. 직원 복지

☐ 4대 보험에 가입되어 있나?

☐ 휴게시간이 적절히 보장되나?

☐ 휴게공간이 깨끗한가?

☐ 화장실 관리가 잘되고 있나?

☐ 작업복은 정기적으로 지급하나?

5. 지역사회 관계

☐ 지역행사에 참여하고 있나?

☐ 주변 민원은 없는가?

☐ 지역 학교와 협력하고 있나?

☐ 이웃 업체들과 소통하고 있나?

☐ 지역사회 봉사활동을 하나?

8-4.
가업 승계의 성공방정식

"아직 일할 만한데 벌써 승계를?"

"자식한테 물려줄 생각이 없는데요?"

"그냥 때 되면 알아서 되겠죠."

현장에서 자주 듣는 말들입니다. 25년간 현장을 돌아다니며 수많은 승계 성공과 실패 사례를 봤습니다. 성공한 기업들은 하나같이 10년 전부터 준비했고, 실패한 기업들은 하나같이 준비가 없었습니다.

실제 사례를 들려드리겠습니다.

시화공단의 한 금형 업체는 갑작스러운 사고로 사장님이 일을 못 하게 되었습니다. 아들이 급하게 회사를 맡았지만, 기술도 없고 경영 경험도 없어서 결국 회사가 어려워졌습니다.

반면 부천의 한 프레스 업체는 달랐습니다. 사장님이 건강할 때부터

작은 기업의 큰 꿈을 위하여

10년에 걸쳐 이렇게 준비했습니다.

1. 후계자 교육은 밖에서부터

"우리 공장에서 시작하면 안 됩니다. 다른 회사에서 배워야 합니다."

○ **1단계: 외부 경험(3년)**
  - 대기업 품질 관리팀 경험
  - 중소기업 현장 경험
  - 거래처 업무 경험

"다른 회사에서 일하면서 우리 업계를 전체적으로 보는 눈을 키웠습니다."

2. 우리 회사는 바닥부터

"아들이라고, 사장 아들이라고 특별대우 하면 안 됩니다."

○ **2단계: 현장 수업(3년)**
  - 첫날부터 현장작업 시작
  - 모든 공정 직접 경험
  - 직원들과 동등하게 대우

- 실수해도 혼내지 않기

"처음엔 힘들어했지만, 3년 후에는 어떤 공정이든 직접 할 수 있게 되었습니다."

3. 경영은 천천히 배우게

"한꺼번에 모든 걸 맡기면 실패합니다."

○ 3단계: 경영 수업(2년)
- 소액 구매부터 결재권 부여
- 작은 거래처부터 관리
- 급여 계산 참여
- 세무 기초 배우기

"실수할 때마다 왜 그랬는지 물어보고, 함께 해결 방법을 찾았습니다."

4. 권한은 단계적으로

"신뢰가 쌓이면 자연스럽게 권한도 커집니다."

작은 기업의 큰 꿈을 위하여

○ **4단계: 권한 이양(2년)**

 - 설비 투자 결정권

 - 신규 직원 채용권

 - 거래처 계약 권한

 - 자금 관리 책임

"2년 동안 조금씩 권한을 늘려 가면서 책임감도 커졌습니다."

5. 이것만은 꼭 기억하세요

○ 직원들과의 소통이 핵심입니다

 - 승계 계획 미리 알리기

 - 후계자의 장단점 설명

 - 직원들 의견 듣기

 - 불안감 해소하기

"어느 날 갑자기 사장이 바뀐다고 하면 직원들이 불안해합니다. 미리미리 알려 주고 준비시켜야 합니다."

○ 거래처 관리도 중요합니다

 - 주요 거래처에 미리 소개

 - 함께 미팅 참석

- 점진적으로 책임 이양
- 신뢰관계 만들기

"20년 거래한 업체인데 어느 날 갑자기 젊은 사람이 와서 이것저것 요구하면 좋아할 리가 없죠."

6. 이런 실수는 하지 마세요

○ 자주 보는 실패 사례
- 갑자기 사장 자리 주기
- 현장 경험 없이 경영 맡기기
- 직원들 의견 무시하기
- 거래처와 소통 부족
- 세금/승계 준비 안 하기

"승계는 마라톤입니다. 단거리 경주처럼 서두르면 반드시 실패합니다."

Key Point

"10년이라고 생각하면 길어 보이지만, 1년이라고 생각하면 너무 짧습니다. 지금 건강하고 의욕이 넘칠 때 시작하세요. 그래야 실수하고 넘어져도 다시 일으켜 세울 수 있습니다."

작은 기업의 큰 꿈을 위하여

■ 실전 Check-List

1. 승계 준비

□ 구체적인 승계 계획이 있는가?

□ 후계자가 정해져 있는가?

□ 교육 계획을 세웠는가?

□ 승계 기간을 정했는가?

□ 세무/법률 검토를 했는가?

2. 후계자 교육

□ 외부 경험을 쌓게 했나?

□ 현장 실습을 시켰나?

□ 전 공정을 경험하게 했나?

□ 경영 수업을 시작했나?

□ 재무/회계를 가르쳤나?

3. 조직 관리

□ 직원들에게 계획을 알렸나?

□ 후계자 소개를 했나?

□ 직원들 의견을 들었나?

□ 불만 사항을 파악했나?

□ 대책을 마련했나?

4. 거래처 관리

☐ 주요 거래처에 알렸나?

☐ 후계자를 소개했나?

☐ 점진적 인수인계를 하나?

☐ 거래처 반응은 좋은가?

☐ 대책이 필요한 곳이 있나?

5. 재무/세무 준비

☐ 상속세 대책이 있나?

☐ 주식 이전 계획이 있나?

☐ 퇴직금을 준비했나?

☐ 채무 정리 계획이 있나?

☐ 전문가 상담을 받았나?

작은 기업의 큰 꿈을 위하여

제9장

인맥이 곧 자산이다

"인맥은 비용이 아닌 투자입니다."

25년간 현장을 돌아다니며 만난 수많은 소기업 사장님들 중 성공한 분들의 공통점이 있었습니다. 바로 '좋은 네트워크'를 가지고 있다는 것입니다. 하지만 많은 분들이 네트워킹을 어렵게 생각합니다.

"바쁜데 언제 인맥 관리를 해요?"
"나이도 많은데 이제 와서 뭘…."
"그런 거 없어도 지금까지 잘해 왔는데…."

이런 생각들이 네트워킹을 막는 장벽이 됩니다. 하지만 실제로 현장에서 보면, 네트워킹은 생각보다 쉽습니다.

실제 이런 일이 있었습니다.

시화공단의 한 금속 가공 업체가 갑자기 큰 물량을 받게 되었습니다. 납기는 촉박한데 혼자서는 감당하기 힘든 양이었죠. 하지만 이 사장님은 당황하지 않았습니다. 매달 한 번씩 모이는 '기술교류회'에서 알게 된 이웃 공장 세 곳과 함께 물량을 나눠 처리했습니다.

결과는 어땠을까요?
○ 무리 없이 납기 준수

○ 품질 요구사항 충족

○ 거래처 신뢰도 상승

○ 추가 물량 확보

더 놀라운 것은 그 후였습니다. 네 회사가 서로의 강점을 살려 협력하면서 각자 전문 분야가 생겼고, 이를 통해 더 큰 프로젝트도 수주할 수 있게 되었습니다.

"처음에는 경쟁자라고만 생각했는데, 지금은 없어서는 안 될 동반자가 됐죠."

반면 이런 업체도 있었습니다.

'나 혼자 다 할 수 있어'라고 생각하다가 무리한 작업으로 납기도 못 맞추고, 품질도 떨어져서 결국 거래처를 잃은 곳도 보았습니다.

네트워크는 이제 선택이 아닌 필수가 되었습니다.

이런 상황에서 네트워크가 필요합니다.

○ 긴급 상황 발생 시

 - 갑작스러운 대량 주문

 - 설비 고장

- 자재 부족
- 인력 부족

○ 정보가 필요할 때
- 신규 설비 도입 검토
- 정부지원사업 신청
- 기술적 문제 해결
- 시장 동향 파악

○ 사업 확장 시
- 신규 거래처 발굴
- 새로운 기술 도입
- 자금 조달
- 인력 채용

네트워킹이 어렵게 느껴지시나요?
걱정하지 마세요. 네트워킹은 생각보다 쉽습니다.

예를 들면 이런 것들이 모두 네트워킹입니다.

○ 아침에 직원들과 나누는 인사 한마디
○ 거래처 담당자와 나누는 통화 몇 분

작은 기업의 큰 꿈을 위하여

○ 옆 공장 사장님과 마시는 커피 한 잔

○ 동종업계 모임 참석

○ 지역 기업인 교류 행사 참여

이번 장에서는 이런 내용을 다루겠습니다.

1. **평생 인맥 만들기**: 관계를 만들고 유지하는 구체적인 방법

2. **신뢰의 네트워크 구축**: 상생의 파트너십 만들기

3. **마음을 얻는 대화의 기술**: 효과적인 소통의 기술

4. **신뢰받는 기업인의 품격**: 신뢰를 높이는 예절

"작은 공장도 세상과 연결되면 큰 기업이 됩니다."

지금부터 그 구체적인 방법을 함께 알아보시죠.

9-1.
평생 인맥 만들기

"인맥이라고 하면 뭔가 거창한 것 같은데요?"

"우리 같은 작은 공장이 무슨 인맥 관리….'

현장에서 자주 듣는 말입니다. 하지만 25년간 현장을 돌아다니며 깨달은 것이 있습니다. 인맥은 멀리 있지 않습니다. 매일 만나는 직원들, 거래처 담당자들, 이웃 공장 사장님들… 이분들이 바로 가장 소중한 인맥입니다.

실제 사례를 들려드리겠습니다.

시화공단의 한 프레스 업체는 이렇게 시작했습니다.

○ 매일 아침 직원들과 10분 티타임

○ 주 1회 거래처에 안부 전화

○ 월 1회 이웃 공장 사장님들과 식사

○ 분기별 지역 상공회 모임 참석

작은 기업의 큰 꿈을 위하여

처음에는 '시간 낭비'라고 생각했지만, 1년 후 놀라운 변화가 있었습니다.

○ 직원들과의 신뢰 관계 강화
○ 거래처에서 추가 물량 배정
○ 이웃 공장과 기술 협력 시작
○ 정부지원사업 정보 획득

1. 인맥 관리의 기본원칙

○ CARE 원칙
 - Consistency(꾸준함): 한 번의 만남이 아닌 지속적인 관리
 - Attention(관심): 상대방의 니즈와 상황에 대한 진정한 관심
 - Respect(존중): 상대방의 시간과 입장 배려
 - Exchange(교환): 서로에게 도움이 되는 관계 구축

○ 실천 포인트
 - 매일 할 일
   • 아침 인사 나누기
   • 퇴근 인사하기
   • 감사 표현하기
   • 짧은 대화 나누기

- 주간 실천
  - 거래처 안부 전화
  - 협력사 근황 확인
  - 지인 연락하기
  - 모임 참석하기

2. 관계 형성의 단계별 접근

○ 1단계: 첫 만남
 - 상대방에 대한 사전 조사
 - 적절한 자기소개 준비
 - 명함 정중히 주고받기
 - 핵심 정보 메모하기

○ 2단계: 관계 깊이기
 - 정기적 연락 취하기
 - 약속 잘 지키기
 - 도움이 될 만한 정보 공유
 - 작은 선물이나 이벤트

○ 3단계: 신뢰 구축
 - 어려울 때 먼저 도와주기

작은 기업의 큰 꿈을 위하여

- 비밀 지키기
- 정직한 피드백 제공
- 장기적 관점 유지

3. 체계적인 인맥 관리 시스템

○ 기본 도구 활용
- 명함 관리
  • 스캔 앱 활용
  • 중요도 표시
  • 만난 날짜 기록
  • 특이사항 메모

- 연락처 관리
  • 그룹별 분류
  • 정기 연락 주기 설정
  • 중요 일정 알림 설정
  • 대화 내용 기록

○ 디지털 툴 활용
- 카카오톡 비즈니스
  • 단체방 활용

- 정보 공유
- 빠른 소통
- 자료 전송

- 캘린더 앱
  - 만남 일정 관리
  - 기념일 체크
  - 알림 설정
  - 일정 공유

4. 상황별 대응 전략

○ 새로운 인맥 만들기
- 업계 모임 활용
  - 기업교류회 행사
  - 협회, 조합 모임
  - 기술 세미나
  - 동종업계 모임

- 소개받기
  - 기존 인맥 활용
  - 적절한 시기 선택

작은 기업의 큰 꿈을 위하여

- 정중한 부탁
- 감사 표현

○ 관계 회복하기
 - 문제 발생 시
   - 즉시 사과
   - 원인 설명
   - 해결책 제시
   - 재발 방지 약속

 - 오해 해소
   - 직접 만나서 대화
   - 진심 어린 설명
   - 이해 구하기
   - 보상 방안 제시

5. 인맥 관리의 실전 노하우

○ 거래처 관리의 핵심
 - 정기적 접촉
   - 월 1회 이상 방문
   - 주간 전화 연락

- 중요 소식 공유
- 경조사 참석

- 신뢰 구축
  - 약속 철저히 지키기
  - 문제 발생 시 즉시 보고
  - 개선사항 먼저 제안
  - 정직한 소통 유지

실제 사례

부천의 한 금속 가공 업체는 매주 금요일 오후에 주요 거래처에 5분 통화로 안부를 물었습니다. "별일 없으시죠?"라는 짧은 대화였지만, 2년 후 이 거래처가 신규 프로젝트의 1순위 협력사로 지정했답니다.

---

6. 인맥 관리의 고급 전략

○ 장기적 관계 구축
- 가치 제공
  - 업계 동향 정보 공유
  - 기술적 조언 제공
  - 협력 기회 발굴
  - 상생 방안 제시

작은 기업의 큰 꿈을 위하여

- 신뢰 deepening
  - 위기 시 동반자 되기
  - 성과 공유하기
  - 공동 발전 도모
  - 미래 비전 공유

실제 사례

시화공단의 한 프레스 업체는 매달 이웃 공장들과 '기술교류회'를 개최했습니다. 처음에는 간단한 정보 교환이었지만, 지금은 5개 업체가 컨소시엄을 구성해 대형 프로젝트를 수주하고 있습니다.

---

7. 디지털 시대의 인맥 관리

○ SNS 활용법
 - 카카오톡
   - 비즈니스 채널 운영
   - 단체방 소통
   - 자료 공유
   - 신속한 응대

 - 링크드인
   - 프로필 관리

- 업계 인맥 형성
- 정보 교류
- 전문성 어필

8. 위기관리와 관계 회복

○ 문제 발생 시 대응
- 즉각적 조치
  - 상황 파악
  - 책임 인정
  - 해결책 제시
  - 신속한 보고

- 관계 회복
  - 진정성 있는 사과
  - 재발 방지 약속
  - 보상 방안 제시
  - 신뢰 회복 노력

작은 기업의 큰 꿈을 위하여

9. 피해야 할 실수들

○ 흔한 실패 사례
 - 필요할 때만 연락하기
 - 일방적으로 부탁하기
 - 약속 자주 어기기
 - 거래처 직원 빼가기
 - 기밀정보 유출하기

실패 교훈

10년 동안 쌓은 신뢰가 한 번의 실수로 무너질 수 있습니다. 특히 거래처 직원을 빼 가는 것은 절대 금물입니다.

Key Point

"인맥은 만드는 것이 아니라 기르는 것입니다. 하루아침에 좋은 인맥이 생기길 기대하지 마세요. 매일 조금씩, 진심을 다해 관계를 가꾸다 보면 어느새 든든한 인맥이 형성됩니다."

■ 실전 Check-List

1. 기본 관리

☐ 명함 정리가 되어 있나?

☐ 연락처는 최신 상태인가?

☐ 중요 일정을 기록하고 있나?

☐ 경조사 관리를 하고 있나?

☐ 정기적으로 연락하고 있나?

2. 거래처 관리

☐ 주요 담당자 정보가 있나?

☐ 정기적인 방문을 하나?

☐ 안부 연락을 하고 있나?

☐ 약속을 잘 지키고 있나?

☐ 감사 인사를 하고 있나?

3. 협력사 관리

☐ 협력사 목록이 있나?

☐ 담당자 연락처가 있나?

☐ 정기적인 소통을 하나?

☐ 상생 방안을 고민하나?

☐ 서로 도움이 되고 있나?

4. 인맥 확장

☐ 업계 모임에 참석하나?

☐ 새로운 인맥을 만드나?

☐ 소개를 적극적으로 하나?

작은 기업의 큰 꿈을 위하여

☐ 정보 공유를 하고 있나?

☐ 네트워크를 확장하고 있나?

9-2.
신뢰의 네트워크 구축

"혼자서는 할 수 없는 일도 함께하면 가능해집니다."

현장에서 보면 성공한 소기업들의 특징이 있습니다. 바로 탄탄한 협력 네트워크를 가지고 있다는 것입니다. 특히 최근처럼 급변하는 시장 환경에서는 협력관계가 더욱 중요해지고 있습니다.

실제 사례를 들려드리겠습니다.
시화공단의 한 금속 가공 업체는 이렇게 협력 네트워크를 만들었습니다.

○ 이웃 공장 3곳과 '미니 협동조합' 구성
○ 월 1회 정기 모임으로 정보 교환
○ 설비/장비 공유 시스템 구축
○ 대형 프로젝트 공동 수주

작은 기업의 큰 꿈을 위하여

결과는 놀라웠습니다.

○ 수주 규모 3배 증가

○ 설비 투자 비용 절감

○ 기술력 상호 보완

○ 위기 대응력 강화

1. 협력 관계의 기본원칙

○ WIN-WIN 전략
 - 서로의 강점 활용
   • 기술력 공유
   • 설비 상호보완
   • 인력 지원
   • 정보 교환

 - 공정한 이익 배분
   • 명확한 기준 설정
   • 투명한 정산
   • 비용 분담 원칙
   • 성과 공유 방식

2. 협력 관계 구축의 단계

○ 1단계: 파트너 선정

 - 선정 기준
   - 기술력 수준
   - 설비 보유 현황
   - 재무 상태
   - 경영진의 철학

 - 사전 검토
   - 업계 평판 조사
   - 거래처 확인
   - 협력 의지 확인
   - 시너지 효과 분석

○ 2단계: 초기 관계 형성

 - 신뢰 구축
   - 소규모 협력 시작
   - 성과 공유
   - 피드백 교환
   - 개선점 도출

작은 기업의 큰 꿈을 위하여

- 시스템 구축
  - 협력 범위 설정
  - 역할 분담
  - 의사소통 채널
  - 문제 해결 절차

○ 3단계: 협력 확대
- 범위 확장
  - 공동 수주
  - 기술 개발
  - 설비 투자
  - 인력 육성

- 관계 강화
  - 정기 미팅
  - 공동 행사
  - 성과 평가
  - 미래 계획

3. 효과적인 협력 모델

○ 기술 협력
 - 공동 기술 개발
   • R&D 비용 분담
   • 전문성 결합
   • 특허 공동출원
   • 기술 이전

 - 품질 향상
   • 노하우 공유
   • 품질 관리 시스템
   • 불량 대책 수립
   • 개선활동 추진

○ 생산 협력
 - 설비 공유
   • 유휴설비 활용
   • 가동률 향상
   • 비용 절감
   • 투자 효율화

작은 기업의 큰 꿈을 위하여

- 물량 조정
  - 성수기 대응
  - 납기 준수
  - 위험 분산
  - 수익성 향상

4. 협력 관계 관리의 핵심

○ 정기적 소통
- 월간 미팅
  - 실적 검토
  - 이슈 논의
  - 계획 수립
  - 관계 강화

- 정보 공유
  - 시장 동향
  - 기술 트렌드
  - 정부 정책
  - 업계 소식

○ 위기관리 시스템
 - 긴급상황 대응
   • 비상연락망
   • 대체 생산 계획
   • 공동 대응 방안
   • 손실 분담 원칙

5. 협력의 구체적 실행방안

○ 공동 수주 프로세스
 - 사전 준비
   • 각사 역량 파악
   • 견적 산출 기준
   • 수익 배분 원칙
   • 책임 범위 설정

 - 실행 단계
   • 프로젝트 관리자 지정
   • 일정 관리 시스템
   • 품질 보증 체계
   • 클레임 처리 절차

작은 기업의 큰 꿈을 위하여

인천의 한 부품 가공 업체는 협력사들과 '공동수주 매뉴얼'을 만들었습니다. 각 회사의 강점을 살린 역할 분담으로 대형 프로젝트도 성공적으로 수행할 수 있게 되었습니다.

6. 협력 네트워크 확장

○ 수평적 협력

 - 동종 업체와의 협력

   • 기술 교류회 운영

   • 공동 구매 시스템

   • 설비 공유 체계

   • 인력 지원 제도

 - 이종 업체와의 협력

   • 신규 시장 개척

   • 기술 융합 추진

   • 솔루션 패키지화

   • 시너지 효과 창출

○ 수직적 협력
 - 거래처와의 협력
   • 기술 로드맵 공유
   • 품질 개선 활동
   • 원가 절감 방안
   • 장기 계약 체결

 - 협력 업체와의 협력
   • 품질 관리 지원
   • 기술 지도
   • 자금 지원
   • 공동 개발

7. 협력 성과 관리

○ 정량적 평가
 - 핵심 지표
   • 매출 증가율
   • 원가 절감률
   • 품질 개선도
   • 납기 준수율

- 성과 분석
  - 월간 실적 검토
  - 목표 달성도
  - 개선점 도출
  - 피드백 반영

○ 정성적 평가
- 평가 항목
  - 신뢰 관계 수준
  - 정보 공유 정도
  - 문제 해결 능력
  - 미래 발전 가능성

8. 협력 관계의 지속성 유지

○ 신뢰 구축 활동
- 정기적 교류
  - 경영진 간 미팅
  - 실무자 워크숍
  - 공동 행사
  - 비공식 모임

- 투명성 확보
  - 정보 공개
  - 의사결정 과정 공유
  - 비용 정산 투명화
  - 성과 배분 명확화

9. 주의해야 할 사항

○ 흔한 실패 요인
- 일방적인 이익 추구
- 책임 전가
- 약속 불이행
- 기밀 유출
- 과도한 의존

Key Point

"협력은 'give and take'가 아닙니다. 'give and give'입니다. 서로 주려고 할 때 진정한 협력이 이루어집니다. 당장은 손해 보는 것 같아도, 결국에는 모두가 함께 성장하게 됩니다."

■ 실전 Check-List
□ 협력 가능한 업체들의 목록과 특징을 파악하고 있나?

□ 정기적인 소통과 모임을 갖고 있나?

□ 긴급상황을 위한 비상연락망과 대응체계가 있나?

□ 설비/장비 공유, 공동구매 등 실질적 협력을 하고 있나?

□ 약속과 납기, 비용 정산을 공정하게 하고 있나?

□ 기술 정보와 업계 동향을 서로 공유하고 있나?

□ 장기적인 협력 관계를 위한 계획이 있나?

9-3.
마음을 얻는 대화의 기술

"말 한 마디로 천 냥 빚을 갚는다는데, 어떻게 해야 할까요?"

25년간 현장을 다니면서 보니, 기술은 뛰어난데 소통 때문에 어려움을 겪는 소기업들이 많았습니다.

실제 이런 일이 있었습니다.

안산의 한 금속 가공 업체는 기술력은 최고였지만, 거래처와의 소통이 잘 안 됐습니다. '품질만 좋으면 되지'라고 생각했죠. 하지만 어느 날 큰 거래처를 잃고 말았습니다. 알고 보니 이유는 단순했습니다.

"불량이 발생했을 때 즉시 알려 주고 대책을 설명했으면 좋았을 텐데, 숨기려고만 했다"는 거래처의 평가였습니다.

작은 기업의 큰 꿈을 위하여

1. 효과적인 소통의 기본원칙

○ CARE 원칙

  - Clear(명확하게)

    • 핵심을 먼저 전달

    • 구체적인 수치 활용

    • 애매한 표현 피하기

    • 중요 내용 문서화

  - Accurate(정확하게)

    • 사실에 근거한 설명

    • 추측성 발언 자제

    • 확인된 정보만 전달

    • 오해의 소지 제거

  - Respectful(존중하며)

    • 상대방 입장 고려

    • 경청하는 자세

    • 예의 바른 언어

    • 감정 조절

- Efficient(효율적으로)
  - 핵심만 간단히
  - 시간 낭비 최소화
  - 적절한 매체 선택
  - 피드백 확인

2. 상황별 커뮤니케이션 전략

○ 거래처와의 소통
- 일상적 소통
  - 주간 진행상황 보고
  - 이슈사항 즉시 공유
  - 개선사항 제안
  - 피드백 요청

- 문제 발생 시
  - 신속한 상황 보고
  - 명확한 원인 분석
  - 구체적 해결방안
  - 재발 방지 대책

작은 기업의 큰 꿈을 위하여

○ 직원과의 소통

 - 업무 지시

   • 목적 설명

   • 구체적 방법

   • 완료 시점

   • 확인 절차

 - 피드백

   • 구체적 사례 언급

   • 개선점 제시

   • 격려 포함

   • 발전 방향 공유

3. 불만 처리의 기술

"불만을 잘 처리하면 오히려 신뢰가 높아집니다."

○ 5A 원칙

 - Acknowledge(인정): 문제 있음을 인정

 - Apologize(사과): 진심 어린 사과

 - Action(행동): 즉각적인 조치

 - Assure(확신): 재발 방지 약속

 - Appreciate(감사): 알려 준 것에 감사

4. 디지털 커뮤니케이션

○ 이메일 작성법

 - 기본 구조

   • 명확한 제목

   • 간단한 인사

   • 본론 중심

   • 구체적 요청사항

 - 주의사항

   • 맞춤법 검토

   • 첨부파일 확인

   • 수신자 재확인

   • 발송 전 검토

작은 기업의 큰 꿈을 위하여

○ 메신저 사용법

- 업무용 메신저

  • 공식 계정 사용

  • 업무시간 준수

  • 간단명료한 전달

  • 중요내용 기록화

5. 회의 진행 스킬

○ 효율적인 회의 운영

- 사전 준비

  • 명확한 목적

  • 참석자 선정

  • 자료 준비

  • 시간 배분

- 진행 요령

  • 핵심 안건 중심

  • 발언 기회 균등

  • 시간 엄수

  • 결론 도출

6. 협상 기술

○ 효과적인 협상법
 - PREP 기법
   • Point(핵심 주장)
   • Reason(근거)
   • Example(사례)
   • Point(재강조)

 - 진행 단계
   • 상황 파악
   • 목표 설정
   • 대안 준비
   • 합의점 도출

7. 설득의 기술

○ 설득력 높이기
 - 3C 원칙
   • Clear(명확성)
   • Concrete(구체성)
   • Convincing(설득력)

　　　　　　작은 기업의 큰 꿈을 위하여

- 실천 방법
  - 데이터 활용
  - 사례 제시
  - 시각자료 준비
  - 대안 제시

8. 갈등 해결 기술

○ 갈등 관리
- 초기 대응
  - 감정 자제
  - 경청 자세
  - 공감 표현
  - 해결 의지

- 문제 해결
  - 원인 파악
  - 대안 모색
  - 합의점 도출
  - 실행 계획

"소통은 기술입니다. 연습하면 누구나 잘할 수 있습니다. 중요한 건 진정성입니다. 진심을 담아 전달하면 상대방도 그 마음을 알아줍니다."

■ 실전 Check-List

☐ 중요한 정보는 메모하며 듣고 있나?

☐ 통화/미팅 후 주요내용을 확인하나?

☐ 불만사항에 신속하게 대응하나?

☐ 직원들의 의견을 경청하고 있나?

☐ 약속한 시간에 연락/답변하나?

☐ 어려운 상황도 정직하게 전달하나?

☐ 감정적인 대응을 자제하고 있나?

9-4.
신뢰받는 기업인의 품격

"매너가 실력입니다."

25년간 현장을 다니며 보니, 같은 기술력을 가진 업체라도 비즈니스 매너에 따라 거래처의 신뢰도가 크게 달라졌습니다.

실제 이런 일이 있었습니다.

시화공단의 한 프레스 업체는 처음 거래를 시작할 때마다 깔끔한 회사 소개 자료를 들고 방문합니다. 작업장도 항상 깨끗하게 유지하고, 거래처 방문 시에는 정시에 도착하는 것을 원칙으로 합니다.

"처음에는 너무 형식적이라고 생각했어요. 하지만 3년 만에 매출이 3배로 늘었습니다. 거래처에서 '이 회사는 믿을 수 있다'고 인정해 준 덕분이죠."

1. 첫인상이 중요합니다

○ 기본 매너
 - 시간 약속 철저히 지키기
 - 단정한 복장 유지
 - 명함은 두 손으로 주고받기
 - 방문 전 연락하기

"10분 일찍 도착하는 것이 정시 도착입니다."

2. 방문 매너의 기본

○ 거래처 방문 시
 - 약속 시간 10분 전 도착
 - 회사 소개자료 준비
 - 미팅 주제 숙지
 - 필기구/메모장 챙기기

○ 공장 견학 시
 - 안전화/안전모 준비
 - 사진 촬영은 허락 받고 하기
 - 기밀사항 메모 금지

작은 기업의 큰 꿈을 위하여

- 정해진 통로로만 이동

3. 일상적인 비즈니스 매너

○ 전화 예절
 - 3번 이상 울리기 전에 받기
 - 회사명과 이름 먼저 말하기
 - 상대방 말 중간에 끊지 않기
 - 끝나면 감사 인사하기

○ 이메일/문자 매너
 - 제목은 명확하게
 - 수신자 재확인
 - 답장은 24시간 이내
 - 공손한 언어 사용

4. 식사 자리의 매너

"사소한 것에서 그 사람의 품격이 드러납니다."

○ 기본 수칙
 - 술 강요하지 않기

- 적당한 음량으로 대화
- 휴대폰 자제하기
- 계산은 예고하고 자연스럽게 하기
- 문제 발생 시 매너

○ 트러블 대처법
- 즉시 사과와 통보
- 대책 마련해서 보고
- 재발 방지 약속
- 결과 확인 후 마무리

"실수는 누구나 할 수 있습니다. 중요한 건 대처 방법입니다."

5. 이런 실수는 피하세요

○ 흔한 매너 위반
- 무단 지각/약속 변경
- 업계 험담하기
- 지나친 사적 질문
- 과도한 접대 요구
- 기밀정보 요구

작은 기업의 큰 꿈을 위하여

"한 번의 작은 실수가 오랜 신뢰를 무너뜨립니다."

Key Point

"비즈니스 매너는 형식이 아닌 상대방에 대한 배려입니다. 매너는 곧 신뢰가 되고, 신뢰는 곧 거래로 이어집니다."

■ 실전 Check-List

☐ 약속 시간을 정확히 지키고 있나?

☐ 단정한 복장과 용모를 유지하나?

☐ 명함/소개자료를 준비하고 있나?

☐ 전화/이메일 응대는 신속한가?

☐ 식사 자리 매너를 지키고 있나?

☐ 문제 발생 시 신속히 보고하나?

☐ 기밀 유지 원칙을 지키고 있나?

제10장

작은 기업의 큰 비밀

"15년 전, 우리 공장에 처음으로 퇴사자가 생겼을 때의 충격이 아직도 생생합니다. 월급도 제때 주고, 야근수당도 챙겨 주고, 복리후생도 나쁘지 않았는데…. 왜 떠났을까 고민하다 시화공단의 한 선배 사장님을 찾아갔습니다."

"급여 말고도 사람을 움직이는 무언가가 있다네. 돈으로는 시간만 살 수 있지만, 진심은 사람의 마음을 살 수 있지."

그 말씀이 제 경영철학을 바꾸는 계기가 되었습니다.

25년간 현장을 돌아다니며 수많은 소기업들을 만났습니다. 매출 규모는 비슷해도 어떤 회사는 직원들이 10년, 20년씩 근속하는 반면, 어떤 회사는 1년을 채우기도 힘들었습니다. 차이는 분명했습니다.

**직원을 '비용'으로 보는 회사는 쇠퇴하고
직원을 '자산'으로 보는 회사는 성장했습니다.**

실제 사례를 들려드리겠습니다.

시화공단의 한 금속 가공 업체를 방문했을 때입니다. 불경기로 다들 어려워할 때인데, 이 회사는 오히려 성장하고 있었습니다. 비결이 뭐냐고 물었더니 사장님이 이런 말씀을 하셨습니다.

작은 기업의 큰 꿈을 위하여

"우리 회사 평균 근속연수가 12년입니다. 직원들이 오래 일하다 보니 기술력도 쌓이고, 품질도 좋아지고, 고객 신뢰도 높아졌죠. 결국은 사람이 답입니다."

하지만 많은 소기업 사장님들이 이렇게 말씀하십니다.

"바쁜데 언제 직원 관리를 해요?"
"우리 같은 작은 회사가 무슨 조직문화예요?"
"인재 육성이니 동기 부여니, 그런 건 대기업이나 하는 거 아닌가요?"

그래서 이번 장에서는 작은 기업이 당장 실천할 수 있는 구체적인 방법을 알려 드리려고 합니다. 거창한 시스템이나 큰 비용이 필요한 게 아닙니다. 오늘부터 바로 시작할 수 있는 현실적인 방법들입니다.

1. 인재가 보물이다: 채용부터 육성까지, 인재 관리의 모든 것
2. 행복한 일터의 DNA: 작은 회사도 할 수 있는 조직문화 만들기
3. 성과는 문화다: 성과 관리와 보상시스템의 실제
4. 열정을 키우는 동기 부여: 돈 이외의 동기 부여 방법

"직원이 행복한 회사가 성공하는 회사입니다."
지금부터 그 구체적인 방법을 하나씩 알아보겠습니다.

10-1.
인재가 보물이다

"직원 한 명이 떠나면 회사가 흔들립니다."

소기업 사장님들의 가장 큰 고민이 바로 직원 관리입니다. 특히 10인 이하 작은 공장에서는 숙련공 한 명의 가치가 매우 큽니다.

실제 이런 일이 있었습니다.

안산의 한 금속 가공 업체는 베테랑 기술자가 갑자기 퇴사하면서 큰 어려움을 겪었습니다. 반면 시화공단의 한 프레스 업체는 15년 동안 단 한 명의 이직자도 없었습니다.

차이가 무엇일까요? 사장님의 말씀이 인상적이었습니다.

"급여는 업계 평균보다 조금 적지만, 매일 아침 직원들과 인사하고, 생일도 챙기고, 고민도 들어 주고⋯ 작은 것 하나하나 신경 쓰다 보니 이제는 가족같이 됐습니다."

작은 기업의 큰 꿈을 위하여

1. 채용부터 신중하게

○ 좋은 인재 뽑는 법
 - 기술보다 성실성 우선
 - 현장 실습 기간 두기
 - 기존 직원 의견 듣기
 - 장기근속 의지 확인

"단기적으로 급한 마음에 채용했다가 더 큰 어려움을 겪는 경우가 많습니다."

2. 신입직원 적응 지원

○ 첫 3개월이 중요합니다
 - 사수 지정해 주기
 - 업무 매뉴얼 제공
 - 단계적 업무 부여
 - 주기적 면담 실시

"처음부터 잘하는 사람은 없습니다. 차근차근 가르치고 기다려 주는 게 중요합니다."

3. 급여와 복리후생

○ 기본에 충실하기
 - 급여 제때 지급
 - 수당 정확히 계산
 - 4대 보험 가입
 - 퇴직금 준비

○ 작은 배려가 중요합니다
 - 생일자 축하
 - 경조사 참석
 - 명절 선물
 - 가족 행사 배려

4. 교육과 성장 지원

○ 기술력 향상 돕기
 - 숙련공과 짝지어 훈련
 - 외부 교육 기회 제공
 - 자격증 취득 지원
 - 다양한 공정 경험

작은 기업의 큰 꿈을 위하여

"직원이 성장하면 회사도 성장합니다."

5. 소통의 기술

○ 대화 창구 만들기
 - 주간 미팅 정례화
 - 수시로 현장 방문
 - 식사 자리 마련
 - 개인 고충 상담

"직원의 말을 귀담아 들어 주는 것만으로도 큰 효과가 있습니다."

6. 이직 방지 대책

○ 예방이 중요합니다
 - 정기적 면담으로 불만 파악
 - 적절한 승급 기회 제공
 - 업무 환경 개선
 - 복리후생 점진적 향상

"좋은 직원이 떠날 조짐이 보이면 이미 늦었습니다. 평소 관리가 중요합니다."

"직원 관리는 특별한 것이 아닙니다. 가족같이 생각하고, 성장을 도와주고, 작은 것 하나하나 신경 써 주는 것…. 이런 관심과 배려가 쌓여서 신뢰가 되고, 그 신뢰가 회사의 경쟁력이 됩니다."

■ 실전 Check-List

☐ 채용 기준과 절차가 명확한가?

☐ 신입 교육 시스템이 있는가?

☐ 급여/수당을 정확히 계산하는가?

☐ 정기적인 면담을 하고 있나?

☐ 교육훈련 기회를 제공하나?

☐ 복리후생 제도가 있나?

☐ 고충 처리 절차가 있는가?

10-2.
행복한 일터의 DNA

"우리 같은 작은 회사가 무슨 조직문화냐고요?"

많은 소기업 사장님들의 첫 반응입니다. 하지만 25년간 현장을 다니며 깨달은 것이 있습니다. 규모가 작은 회사일수록 조직문화가 더 중요합니다.

실제 이런 일이 있었습니다.

부천의 한 프레스 가공 업체를 방문했을 때였습니다. 점심시간인데도 직원들이 웃으며 이야기를 나누고 있었죠. 사장님도 함께 식사하며 편안하게 대화를 이어 갔습니다.

"3년 전만 해도 우리 회사 분위기가 매우 경직되어 있었어요. 그러다 '따뜻한 회사 만들기'를 시작했죠. 아침 인사부터 시작해서 서로 배려하는 문화를 만들었더니, 이직률도 줄고 생산성도 높아졌습니다."

1. 작은 것부터 시작하세요

○ 인사하는 회사 만들기
 - 아침 인사 나누기
 - 퇴근할 때 수고했다 인사
 - 점심 식사 함께하기
 - 안부 묻기

"처음에는 어색했지만, 한 달 정도 지나니 자연스러워졌습니다."

2. 소통하는 문화 만들기

○ 대화의 창구 열기
 - 주간 미팅은 꼭 하기
 - 현장 의견 경청하기
 - 개선 제안 받기
 - 칭찬 먼저 하기

"직원들의 작은 목소리도 귀 기울여 들어 주세요."

작은 기업의 큰 꿈을 위하여

3. 배려하는 문화 정착

○ 서로 돕는 분위기
 - 신입 직원 돕기
 - 어려운 일 함께하기
 - 실수해도 격려하기
 - 개인사정 배려하기

"서로 돕는 문화가 형성되면 어려운 일도 쉬워집니다."

4. 즐거운 일터 만들기

○ 작은 즐거움 더하기
 - 생일자 축하
 - 간식 시간 운영
 - 분기별 회식/야유회
 - 취미 활동 지원

"즐겁게 일하는 직원이 성과도 좋습니다."

5. 성장하는 조직 만들기

○ 함께 발전하는 문화
 - 기술 전수 장려
 - 개선 의견 수렴
 - 성과 공유하기
 - 목표 함께 세우기

"직원 한 명, 한 명의 성장이 회사의 미래입니다."

6. 이런 문화는 피하세요

○ 피해야 할 문화
 - blame game(책임 전가)
 - 소통 없는 지시
 - 과도한 야근 강요
 - 실수에 대한 질책
 - 차별과 편애

"부정적인 문화는 빠르게 퍼지고, 오래 남습니다."

"조직문화는 비용이 아닌 투자입니다. 작은 관심과 배려로 시작해서, 서로 신뢰하고 존중하는 문화를 만들면 그게 바로 회사의 경쟁력이 됩니다."

■ 실전 Check-List

☐ 직원들과 인사를 나누고 있나?

☐ 정기적인 소통 자리가 있나?

☐ 서로 돕는 분위기인가?

☐ 직원들의 의견을 듣고 있나?

☐ 성장 기회를 제공하나?

☐ 즐거운 직장 분위기인가?

☐ 불합리한 관행은 없나?

10-3.
성과는 문화다

"성과 관리라고 하면 너무 어렵게 들리는데…."

현장에서 자주 듣는 말입니다. 하지만 성과 관리는 결코 어려운 것이 아닙니다. 매일 생산량을 체크하고, 품질을 확인하고, 직원들의 성장을 돕는 것…. 이런 것들이 모두 성과 관리입니다.

실제 이런 일이 있었습니다.

시흥의 한 금속 가공 업체는 매일 아침 10분씩 전날의 생산량, 불량률, 특이사항을 체크합니다. 문제가 있으면 바로 개선하고, 잘한 점은 칭찬합니다.

"처음에는 번거롭게 느껴졌는데, 1년 만에 놀라운 변화가 있었어요. 불량률은 절반으로 줄고, 생산성은 30% 높아졌습니다."

작은 기업의 큰 꿈을 위하여

1. 성과 관리의 기본

○ 매일 체크할 것
  - 생산량/작업시간
  - 불량 발생 건수
  - 납기 준수 여부
  - 안전사고 유무

"기록하지 않으면 개선할 수 없습니다."

2. 목표 설정의 기술

○ SMART 원칙
  - Specific(구체적으로)
  - Measurable(측정 가능하게)
  - Achievable(달성 가능하게)
  - Relevant(연관성 있게)
  - Time-bound(기한을 정해서)

"너무 높은 목표는 오히려 독이 됩니다."

3. 성과 측정 방법

○ 핵심지표 관리
 - 생산성: 시간당 생산량
 - 품질: 불량률
 - 납기: 준수율
 - 원가: 로스율

"숫자로 보면 문제가 보입니다."

4. 피드백의 중요성

○ 효과적인 피드백
 - 즉시성: 그 자리에서 바로
 - 구체성: 무엇이 잘못됐는지
 - 건설성: 개선 방향 제시
 - 긍정성: 잘한 점도 언급

"칭찬은 구체적으로, 지적은 개인적으로."

작은 기업의 큰 꿈을 위하여

5. 성과 보상 시스템

○ 공정한 보상
 - 명확한 기준 제시
 - 투명한 평가
 - 즉각적인 보상
 - 팀워크 고려

"금전적 보상만큼 인정과 칭찬도 중요합니다."

6. 이런 실수는 피하세요

○ 흔한 실패 사례
 - 과도한 목표 설정
 - 불공정한 평가
 - 늦은 피드백
 - 보상 지연
 - 비교/경쟁 조장

"관리를 위한 관리는 독이 됩니다."

"성과 관리는 직원들을 압박하는 도구가 아닙니다. 함께 성장하기 위한 나침반입니다. 작은 것부터 시작해서 꾸준히 실천하면, 자연스럽게 회사의 경쟁력이 높아집니다."

■ 실전 Check-List

☐ 일일 생산실적을 체크하고 있나?

☐ 측정 가능한 목표가 있는가?

☐ 즉각적인 피드백을 하고 있나?

☐ 공정한 평가 기준이 있나?

☐ 적절한 보상체계가 있나?

☐ 개선활동이 이뤄지고 있나?

☐ 직원들의 성장을 돕고 있나?

10-4.
열정을 키우는 동기 부여

"돈 주고 일하는데 무슨 동기 부여인가요?"

많은 소기업 사장님들의 생각입니다. 하지만 25년간 현장을 돌아다니며 깨달은 것이 있습니다. 급여 외에도 직원들을 움직이는 무언가가 있다는 것입니다.

실제 이런 일이 있었습니다.

부천의 한 프레스 업체 이야기입니다. 어느 날 사장님이 신입 직원의 가능성을 알아보고 "자네가 이 기술을 마스터하면 우리 회사의 미래가 밝아질 거야"라고 격려했습니다. 그 한마디가 이 직원의 인생을 바꿨습니다. 3년 후, 그는 회사의 핵심 기술자가 되었습니다.

"돈으로 살 수 있는 건 시간뿐입니다. 진심 어린 관심과 격려가 사람의 마음을 움직입니다."

1. 인정의 힘

○ 작은 인정이 큰 변화를 만듭니다
 - 잘한 일 바로 칭찬
 - 개선 제안 즉시 검토
 - 성과는 공개적 인정
 - 책임과 권한 부여

"인정받은 직원은 더 큰 성과를 만듭니다."

2. 성장의 기회 제공

○ 발전 가능성을 보여 주세요
 - 기술 교육 기회
 - 자격증 취득 지원
 - 다양한 업무 경험
 - 승진 기회 제시

"성장하는 직원이 행복한 직원입니다."

3. 신뢰와 존중

○ 마음을 얻는 방법

 - 의견 경청하기

 - 실수 너그럽게 보기

 - 개인사정 배려하기

 - 인격적으로 대우하기

"신뢰받는다고 느끼는 순간, 책임감이 생깁니다."

4. 공정한 보상

○ 보상의 원칙

 - 명확한 기준

 - 즉각적인 보상

 - 노력 대비 적정성

 - 형평성 유지

"늦은 보상은 독이 됩니다."

5. 일의 의미 부여

○ 동기 부여의 핵심
 - 회사의 비전 공유
 - 일의 가치 설명
 - 성과의 중요성 강조
 - 미래 청사진 제시

"왜 이 일을 하는지 아는 순간, 열정이 생깁니다."

6. 이런 실수는 피하세요

○ 동기 저하 요인
 - 차별적 대우
 - 약속 불이행
 - 과도한 압박
 - 인격 무시
 - 불공정한 평가

"한번 잃은 동기는 회복하기 어렵습니다."

작은 기업의 큰 꿈을 위하여

Key Point

"동기 부여는 특별한 것이 아닙니다. 직원 한 명, 한 명을 인격체로 존중하고, 성장을 돕고, 공정하게 대우하는 것···. 이런 작은 실천들이 모여 큰 변화를 만듭니다."

■ 실전 Check-List

☐ 직원들의 노력을 인정하고 있나?

☐ 성장 기회를 제공하고 있나?

☐ 의견을 경청하고 존중하나?

☐ 공정한 보상체계가 있나?

☐ 회사의 비전을 공유하나?

☐ 약속을 잘 지키고 있나?

작은 기업의
큰 꿈을 위하여

ⓒ 김정태, 2025

초판 1쇄 발행 2025년 3월 25일

지은이   김정태
펴낸이   이기봉
편집   좋은땅 편집팀
펴낸곳   도서출판 좋은땅
주소   서울특별시 마포구 양화로12길 26 지월드빌딩 (서교동 395-7)
전화   02)374-8616~7
팩스   02)374-8614
이메일   gworldbook@naver.com
홈페이지   www.g-world.co.kr

ISBN   979-11-388-4101-6 (13320)